D1142498

SILENCES
À VOIX HAUTE

Illustration de la couverture: Odile Ouellet
Conception graphique: Katherine Sapon
Maquette intérieure: Jean-Guy Fournier

Équipe de révision
Jean Bernier, Michelle Corbeil, René Dionne, Louis Forest, Monique Herbeuval,
Hervé Juste, Jean-Pierre Leroux, Odette Lord, Linda Nantel,
Paule Noyart, Normand Paiement, Jacqueline Vandycke

LES QUINZE, ÉDITEUR
(Division de Sogides Ltée)
955, rue Amherst, Montréal
H2L 3K4
tél. : (514) 523-1182

Distributeur exclusif pour le Canada :
AGENCE DE DISTRIBUTION POPULAIRE INC.
(Filiale de Sogides Ltée)
955, rue Amherst, Montréal
H2L 3K4
tél. : (514) 523-1182

JEAN-PIERRE HAREL

SILENCES
À VOIX HAUTE

Quinze/ prose exacte

Copyright 1985, Les Quinze, éditeur
Dépôt légal, 1er trimestre 1985.
Bibliothèque nationale du Québec

ISBN 0-89026-337-1

Tous droits de reproduction, d'adaptation ou de traduction réservés

Table des matières

À Roxanne et à Vincent qui, par la douleur de leur absence, m'ont insufflé l'énergie nécessaire au raboutinage de mon être démantelé entrepris à travers le chantier suivant qui en témoigne.

Peut-être que si nous sentions à quel point sont morts les hommes vivants, le désespoir que nous en ressentirions nous inciterait à prendre plus de risques.

D. Cooper

Les hommes ne sont pas tous des phallocrates. Les hommes sont des corps de jouissance que le pouvoir s'applique à nier et convertit en corps déjoué, déjouant le corps que sont les phallocrates.

A. Leclerc

Avant-propos

Faut que je me parle de ma réalité d'homme émasculé de ses rôles d'époux et de père. Faut que je parle de l'urgence ressentie du partage et de la confidence. Faut que je nous parle de cette urgence laissée pour compte. Faut que je parle encore de mon père, mortellement blessé par ce même piège du non-dit; mort qui a transformé la douleur de ma solitude en révolte.

Faut que je dise que, dans l'expression de ma révolte, si ma parole est demeurée vaine, mon corps, lui, a magistralement manifesté sa dissidence en troquant sa virile puissance contre le respect de soi. Que, mieux que mes beaux discours, mon corps a su subordonner rôles et images à mon désir de vivre. Que cette victoire du corps et la naissance du nouvel ordre dans mes rapports avec les femmes et avec les hommes qui en a découlé provoquèrent, à leur tour, une profonde remise en question.

Faut que je nous dise comment cette remise en question a redonné confiance en ma parole qui, plutôt que de réapparaître sous la forme de la confidence, s'est libérée, en dernier lieu, avec la vigueur du plaidoyer.

C'est pour ça et c'est comme ça qu'il faut que je nous parle.

Le silence m'a été pénible. Pénible, mais salutaire en commandant à l'écriture d'exorciser mon mal de vivre. Ainsi, les tourments trop lourds pour un si bref épisode de vie n'ont eu de sens que grâce à la consignation que j'en ai faite (événements et réflexions). Si les propos intimistes qui en résultent permettaient maintenant de rendre tout juste plus supportable la difficile démarche d'individus en mouvement, alors, faites-moi signe. Riches de "nos silences partagés", les gestes alors s'éveilleront sans que nous ayons vraiment la peine de les réinventer.

Prologue

Denise, suffragette paranoïaque dont la cause unique des frustrations existentielles a pour nom "mari", m'invite à souper. L'absence de ce dernier, rendant encore plus menaçante l'obscurité de cette autre soirée d'hiver sans fin, incite l'épouse abandonnée à me lancer cette invitation polie.

Le repas, passablement élaboré, est, de plus, succulent. Mon hôtesse se veut ferme, engagée et directe, comme le lui enseignent les écrits de *la Gazette des femmes*. Aussi, sans ambages, nous nous précipitons dans le vif du sujet: les rapports hommes-femmes. Le sujet est, comme il se doit, traité avec passion. Le potage, le plat principal, la salade sont assaisonnés à souhait des propos revendicateurs de ma chef-cuisinière à l'égard des hommes.

À l'heure du thé, les enfants ayant quitté la table et un certain calme régnant, je risque d'émettre mon point de vue quant à l'envers de la médaille — qui, jusqu'ici, ne présentait qu'un endroit souillé par les abominations machistes invoquées par madame. Les interruptions causées par le scepticisme de mon interlocutrice se font nombreuses. Pour elle, tout homme naît et demeure

13

implacablement phallocrate. D'ailleurs, notre culpabilité envers elles ne découle-t-elle pas de cette tare génétique? Denise, pour qui cette croyance tient du dogme, ne peut donc que s'opposer à ma divergence d'opinion. Et après tout, je ne suis qu'un homme... Néanmoins, je parviens à exposer quelques faits personnels lui permettant de percevoir l'existence possible d'une réalité typiquement masculine, avec ou sans phallus, pouvant elle aussi se définir en termes de condition et caractérisée par une problématique autre que féminine, mais non moins humaine.

Denise semble découvrir un nouveau monde, et son étonnement s'apparente à celui de Christophe Colomb découvrant la nudité des jeunes Indiennes venues à sa rencontre. La communication est bonne. Et dans ce climat propice à la conversion, je sens mon âme de missionnaire se réjouir au fur et à mesure que s'anime la foi de ma païenne dans la révélation que je lui apporte. Mes exemples d'être affectif avorté, de pourvoyeur consacré, abondent. Hier encore, Diane ne m'a-t-elle pas appelé à deux reprises seulement pour me consulter au sujet de l'auto en panne?

Je suis absorbé par notre discussion, d'autant plus que je perçois la compréhension de Denise s'éveiller, lorsque le téléphone sonne. C'est pour moi. Personne, pourtant, ne sait que je suis ici. C'est Diane. Elle arrive de Montréal pour venir chercher les enfants et la voilà à nouveau paralysée au dernier poste de péage de l'autoroute avec la maudite bagnole qui a, cette fois, une crevaison. C'est la réalité cinglante qui réapparaît. Je lui réponds, non sans malice, de faire valoir son charme tandis que je me mets à la recherche d'une autre auto me permettant de la rejoindre. "Rappelle-moi dans dix minutes." Je raccroche. Curieux, Denise semble établir un lien avec notre conversation...

Moi, je suis partagé; ou bien j'accepte effectivement d'interrompre cette soirée, importante pour moi, ou bien je réponds à Diane, qui me rappellera: "Appelle-toi une dépanneuse, je t'attends ici. Viens chercher les enfants quand tu pourras." Diane me rappelle, elle est toujours sans aide; les samaritains ont résisté à ses attraits. Rires allusifs, puis je lui dis que j'arrive.

Je ne manque pas de souligner à mon hôtesse que ce service de dépannage m'importune. Je lui demande quand même de bien vouloir aider Vincent à enfiler son habit de neige, le temps que je revienne le prendre avec l'auto qu'une voisine consent à me prêter. Roxanne restera en compagnie de Sophie et continuera de jouer à la poupée. Vincent pleure en me voyant déguerpir aussi rapidement: "Mais mon pauvre petit coco, c'est la vie! Je reviens tout de suite te prendre."

Je me retrouve dans la rue, au pas de course, tout en ressentant le tumulte d'une variété de sensations, d'impressions, de sentiments. Je tente de démêler ce cocktail de réactions. Premièrement, je ne peux nier le fait que je suis nettement contrarié qu'on me sollicite pour pareille cause en pareilles circonstances; et, simultanément, je suis en rogne contre moi-même en constatant que je n'ai pas eu le courage de dire franchement combien je me sentais exploité par cette demande. Je ralentis ma course en me disant que je ne me vautrerai pas davantage dans cette crainte de l'autre qui me paraît tout d'abord commander mes gestes empressés. Le feu n'est pas pris. Soit, Diane est en panne et je lui ai dit que je venais; mais je ne suis pas obligé d'en perdre le souffle.

Ralentissant ma course, je doute, en second lieu, que mon rythme effréné ne camoufle, ni plus ni moins, une réponse vicieusement trop prompte à l'appel demandé. C'est dur de se l'avouer, mais je ressens un malin plaisir à ce besoin d'aide, savourant en quelque sorte cet état de dépendance. Malgré des mois de séparation, Diane me reconnaît encore une certaine utilité et j'en tire gratification. Voilà que cette suffisance me fait chier.

Honteux, je délaisse mon analyse, en reconnaissant que, dans cette situation de sauvetage, j'ai également besoin de confort personnel et que je dois prendre tout au moins le temps de passer par la maison afin d'endosser des vêtements plus convenables au rôle de garagiste que je m'apprête à jouer, laissant derrière moi celui de voisin-bouffeur-causeur de cette fin de beau dimanche. La transformation est radicale; de bourgeois gentil-homme, je me retrouve en épouvantail. Chaque personnage a son costume et, après tout, je ne vais faire la cour à personne...

Une main sur le volant, une autre qui enlace mon coco couché à ma droite, me voilà en route. Je roule lentement car je me sens mal à l'aise dans cette énorme familiale. La chaussée est glissante par surcroît. Je roule lentement car je désire aussi demeurer attentif à ce qui se passe. Je tiens à rester à l'écoute de mon déplaisir mitigé: on me dérange mais je manque de franchise pour l'avouer. J'accepte et j'en éprouve un plaisir malsain. Je décide de penser à moi dans toute cette affaire: ne pas trop me laisser envahir, ni entraîner par les événements.

J'arrive.

L'auto est garée sur la voie de service. Je me stationne devant la Renault 12. Je sors doucement de l'auto pour ne pas déranger le sommeil de Vincent. J'ouvre la radio en douceur pour le laisser en bonne compagnie. Je me dirige vers Diane, qui a déposé le cric et la manivelle près du pneu dégonflé. "Oui, maudite bagnole."

Je pose un genou par terre. L'asphalte se meurt de froid. Il fait environ moins quarante. J'installe le cric en revoyant le film des deux ou trois autres crevaisons que nous avons connues ensemble et le scénario propre à chacune. En somme, la même trame à quelques différences près: mon embêtement, mon travail d'amateur sous le regard critique de Diane et sa crainte, cette éternelle, que le pneu que je viens de remplacer ne quitte l'essieu dès que nous nous engagerons sur la route; finalement, son insistance à faire vérifier le tout chez le premier garagiste. Que de tensions! Mauvais souvenirs...

La bagnole est soulevée. Cette fois le silence, comme le froid, est de rigueur. Je m'agenouille devant la roue pour la retirer. Mon état de servitude me perturbe. Je me sens minus au service de cette belle grande dame, debout à mes côtés, dont le pli du pantalon noir s'échappant du manteau de lynx recouvre impeccablement la forme des bottes. Ses moufles de laine, son long foulard et son chapeau assortis accentuent l'éclat de son fin visage rougi et me rappellent, sans détour, mon déguisement de dépanneur improvisé.

J'éprouve une grande fatigue. Je dégage la roue. Je me déplie comme je peux pour prendre la roue de secours. Celle-ci est devant moi. J'écarte les bras pour la soulever et je m'écroule sous le poids de cette nuit de fin du monde. Je bascule dans ma mémoire.

J'ai huit ans, à peine. C'est l'été. Je suis à Saint-Adolphe d'Howard. C'est mon camp louveteau. Demain ce sera dimanche et je sais que la messe sera spécialement chantée en l'honneur de la Vierge. Nous sommes dans la forêt pour en ramener tout ce qu'il y a de plus beau afin d'orner l'autel et le lieu où cette messe sera célébrée, puisque tel est le mandat de notre équipe.

J'ai huit ans, à peine, et je suis obsédé par cette idée de faire plaisir à Marie. Je suis animé d'un puissant esprit de compétition, décidé à être parmi ceux qui auront le mieux contribué au décor de cette célébration d'amour. J'ai huit ans, et ce sapin contre lequel je me bats en a combien? Je le secoue de toutes mes forces. Je tente

17

de déterrer ses racines malgré la sueur qui me pisse du cuir chevelu jusqu'au bout des doigts et les bestioles qui me dévorent. Un véritable combat s'engage au cours duquel un commandement intérieur redoutable me défie: "Si tu es un homme, tu seras capable." J'attaque de plus belle dès que je me sens vaincu, fouetté par cette volonté de prouver ma virilité. Je redouble d'énergie, déchaîné, aveuglé par ma crise, je poursuis ma lutte d'affirmation.

Rempoignant les branches de mon sapin, je voudrais saisir ce pneu-symbole et le catapulter du haut du sommet le plus élevé de la planète en hurlant: "Ne me demandez plus rien, je ne veux plus servir personne, qu'elle s'appelle Diane ou Marie; je ne veux plus rien avoir à prouver à qui que ce soit. Vous me qualifierez d'incapable, mais prenez-moi tel que je suis, ou passez votre chemin. Aujourd'hui, je suis prêt à me priver de votre amour si ce dernier ne sait se contenter de ce que je suis, simplement, simplement de qui je suis."

Je reviens à moi. Nul autre que moi, d'ailleurs, n'aurait pu percevoir cette absence d'une fraction de seconde. J'ignore encore si j'aurai la force de soulever ce maudit pneu. Je m'en fous. Mes muscles me rappellent bien que je suis en train de fixer le dernier boulon. Je les serre un à un. Je termine mon boulot en disant: "Cette fois, je présume que ce sera sans commentaire." Je suis de retour au présent, il n'y a pas de doute. Je ramasse la quincaillerie que je dépose dans le coffre. La pensée suivante me traverse l'esprit: "Ça mérite ben un beau bec." Le coeur me lève aussitôt. J'ai le goût de me tirer une balle. "Non, c'est pas vrai, j'ai pas tout fait ça pour ça?" J'éprouve l'humiliation de l'inventeur dont le gadget, éclatant de tous ses ressorts, roues d'engrenage et manettes, au premier essai, déclencherait les sarcasmes d'un public amusé.

Je referme finalement la porte du coffre. Je repasse à côté de Diane: "O.K., à tantôt." Je regagne ma limousine. J'observe le sommeil de Vincent et je me laisse attendrir. Je mets l'auto en marche. On frappe à la fenêtre. C'est Diane. L'auto ne démarre pas. La batterie est à terre.

Confrontation

À dix-huit ans, entre la possibilité d'accéder au con-servatoire, qui m'offrait de laisser émerger la vie en moi, mes émotions, mes sens, et celle de m'inscrire à l'uni-versité, dans le but d'obtenir le diplôme attestant la qualité de ma fonction de pourvoyeur, je choisis la der-nière. D'une part, mes déviations étaient déjà suffisam-ment nombreuses (j'aimais les arts, la nature, je ne fréquentais pas les tavernes, je ne pelotais toujours pas les filles), sans que je n'alarme outre mesure mon entourage. D'autre part, pour moi-même, je ne pouvais guère opter en faveur du langage de mon corps et de mes émotions sans porter atteinte irrémédiablement à l'image standard de ma virilité.

Que de virevoltes! J'avais investi une année de travail à préparer mon audition: une tirade de Racine, un dialogue contemporain et un troisième texte que j'oublie. Le conservatoire était l'aboutissement naturel de toutes mes activités d'expression para-académiques. D'ailleurs, toutes ces années de fréquentation scolaire n'avaient-elles pas été rendues supportables que grâce à toutes les activités-soupapes auxquelles j'avais participé? Ces activités qui avaient occupé le centre de ma vie n'avaient-elles pas été le principal catalyseur de toutes mes tensions émotives scolaires et familiales? De ma première récitation en classe de maternelle aux concours provinciaux d'art oratoire ou dramatique, en passant par les chorales, le piano, les récitals de poèmes, la boîte à chansons... n'avais-je pas pu ainsi libérer, et de façon convenable, toute la gamme des émotions qui m'agitaient? Mais confirmer la primauté de ma dynamique affective en choisissant, comme avenir, les sentiers maléfiques des Arts, impliquait des risques fort compromettants. Je rejetais le plan de carrière auquel me destinait la classe socio-économique à laquelle j'appartenais et, du même coup, j'hypothéquais gravement mon avenir. Sans oublier que je m'attirais l'anathème foudroyant de mes pairs et de mon père: maudite tapette!

Confirmer ma dissidence face aux modèles de vie d'homme que mon entourage s'appliquait opiniâtrement à vouloir me faire adopter? Je n'en avais pas l'audace. J'étais déchiré devant le choix de vivre tel que j'étais ou de vivre selon les règles de "normalité" et de bonne conduite prescrites par mon milieu. La veille de mon audition à Montréal, je partais pour Manic 5, assuré par cette fuite de l'impossibilité d'une dernière volte-face. Je reniais mon potentiel humain et je gagnais la sécurité, première condition de l'épanouissement harmonieux de la personne (!) et, avec elle, le pognon nécessaire me rendant digne du titre de futur chef de famille.

Nous avions dix-huit ans. Je portais l'empreinte fraîche des angoisses de mon adolescence tandis que Diane s'appliquait à dissimuler les cicatrices de son enfance sous son fard d'adulte nouvellement engagé dans le monde du travail. Son masque, dessiné par dépit, avait pour but de la protéger contre la vie, de l'insensibiliser. Résolue à ne plus avoir mal, Diane avait consciemment choisi de fermer ses sens à la vie. Plus de déceptions, plus de faux espoirs, plus de mensonges, aucune crainte d'être trompée comme jadis, puisque ses sens ne seraient plus là pour l'informer.

Dans ce contexte, je fus d'abord profondément touché par sa grande beauté ainsi que par la fragilité imprévisible que lui avait conférée le deuil récent de son père et que sa raison ne parvenait plus à dompter. Moi, habitué d'embrasser la vie avec frénésie, confondant mon être entier avec la polyphonie de mes sens avides, je ne pouvais alors dire laquelle de mes zones, sensuelle, affective ou sexuelle, semblait la plus émue à la vue de cette jeune femme momentanément troublée. À quelque temps de là, conformément à l'éducation reçue, ne sachant distinguer besoin de devoir, je m'engageai, en toute conscience, à procurer à cette femme sa part de bonheur. Elle avait droit au bonheur et c'est moi qui devais le lui donner. Ma virilité, à l'aube de mes dix-neuf ans, venait de signer un lourd contrat avec le bonheur d'autrui et, en conséquence, venait de figer le sens de mon existence.

Allaient en découler des efforts incessants, des années de jeunesse trompées, investies au nom d'une inestimable pureté dans un projet de vie tronqué au départ. Aucune oeuvre n'aura nécessité autant de don de soi et d'amour, de compréhension et de probité, de temps et d'énergie.

Dynamique d'un amour quotidien réunissant une passion, la mienne, et un refus de vivre, le sien. Union d'une profonde richesse; friction d'un incalculable épuisement.

Il nous aura fallu l'usure de dix années d'essais, de luttes et de tentatives pour que, avant de nous détruire complètement, nous comprenions notre sort. Dangereusement affaibli, chacun, déjoué à sa façon, découvrait douloureusement l'enjeu fallacieux du couple dont il faisait partie. Je déposais les armes devant l'absurdité de mon défi. J'assumais mon échec, non pas celui de ne pas avoir su procurer à l'autre le bonheur auquel elle avait droit, mais plutôt celui de ne pas avoir compris plus tôt que je ne pouvais, en rien, être l'artisan du bonheur d'autrui. Celui, encore, de ne pas avoir compris plus tôt qu'en m'investissant de la responsabilité du bonheur de l'autre, je lui retirais la confiance dont tout individu a besoin pour se réaliser. Du même coup, j'éprouvais un inestimable soulagement par rapport à l'utopie de mon engagement contracté au nom de l'aliénante virilité de mes vingt ans. Dégagé de ce fardeau, allégé du poids de cette première obligation chauvine, je pouvais, désormais, déplacer vers moi-même la cible de mon souci de magnanimité.

Quant à Diane, un cheminement similaire l'amenait à se demander pourquoi elle se dissimulait ainsi sous un masque et à éprouver du même coup l'urgence de renouer personnellement avec la vie; de se prévaloir de son droit propre de participer au mouvement de la vie en tentant de réhabiliter ses sens.

Ces nouvelles prises en charge respectives ont suscité des heures et des heures d'échanges comme à la belle époque de nos dix-huit ans. Des soirs, des jours et des nuits à nous redécouvrir à la lumière de nos expériences et de nos interactions anciennes et actuelles. Des périodes de compréhension désarmante, d'alarmante lucidité, d'optimistes espoirs et de profond désarroi se sont succédé.

Mais côtoyer quotidiennement un être passionné, doté d'un insatiable besoin de jouir de la vie, de ses odeurs, de ses couleurs, de ses bruits, ne pouvait qu'alimenter la révolte de Diane devant sa propre difficulté d'accéder à la vie. Par surcroît, une culpabilité massue, résultant des limites que par sa seule présence elle infligeait à mon désir de vivre, rendait intolérable la cohabitation de nos paradoxes.

Quant à moi, il me fallait choisir entre la libre satisfaction ou l'expression simple de mon désir de vivre et la crainte redoutable d'engendrer une situation conflictuelle par rapport au repliement de Diane sur elle-même, qui se sentait constamment menacée par mon besoin de vivre. Ce perpétuel dilemme avait progressivement réussi à miner l'énergie nécessaire à ma propre survie. Il en résultait une accumulation d'agressivité que je me refusais moi-même à reconnaître et qui, dans l'activité de tous les jours, prenait des formes déguisées de violence face à Diane. Une insupportable culpabilité me piégeait à mon tour, s'alimentant de chacune de mes attaques dirigées contre le refus de vivre de Diane, malgré les efforts surhumains qu'elle déployait peu à peu pour s'y soustraire et dont, par ailleurs, j'admirais le premier l'honnête volonté.

Un homme et une femme ont entre eux une confiance infinie. Un homme et une femme s'aiment et se regardent nus, sous l'éclairage de la vérité. Un homme et une femme souffrent de la même manière des limites qu'ils s'imposent mutuellement, fatalement. Un homme, une femme, décide, accepte, avec un respect sans limite, que l'autre poursuive, sans lui, sans elle, sa vie; qu'il ou qu'elle poursuive son évolution personnelle indépendamment de l'autre.

Que cet homme et cette femme choisissent d'un commun accord de vivre séparément plutôt que de croupir à l'intérieur de leur mariage finalement réussi, soit. Mais cet homme et cette femme ont deux enfants. Si ces adultes ont le droit le plus élémentaire de disposer de leur vie, en vertu de quel principe ou de quelle morale par contre peuvent-ils rompre les liens fraternels? Ni l'un ni l'autre n'accepterait d'être l'auteur de ce crime.

Des parents aiment leurs enfants et peuvent, autant l'un que l'autre, subvenir à leurs besoins physiques, affectifs, intellectuels, moraux. Ces parents ne vivront plus sous le même toit. Qui osera prétendre que l'un mérite plus que l'autre de poursuivre sa route dans l'amour quotidien des siens. Quelle argumentation haineuse faudrait-il cracher pour vaincre une force amoureuse égale à la sienne et orientée vers le même pôle? La guerre n'a jamais enrichi le tissu humain. Aucune arme, fût-elle verbale, ne sera utilisée. Tout bonnement, normalement, ma paternité sera éventrée. Certains diront: "Mais un homme, c'est pas pareil." J'ai des petites nouvelles pour vous autres. On dira: "Une relation père-enfant, c'est quand même pas viscéral." Il est légitime de ne pas vouloir confondre les choses et il est bon de se rappeler que nous, les hommes, nous n'avons pas d'utérus. Non, nous n'avons pas d'utérus. Mais utérus ou pas, je n'ai jamais considéré ma relation avec mes enfants comme étant quelque chose de secondaire, d'artificiel, de contre nature. Je n'ai jamais su appeler "catinage" ou "jouer à la nounou" les différentes tâches et besognes reliées à la compagnie des enfants.

Personnellement, je suis heureux de pouvoir partager ma vie avec mes enfants; de partager le repas, le bain, le réveil avec eux; de pouvoir m'exaspérer contre eux autant que les caresser jusqu'à ce qu'ils gagnent le chemin du sommeil. Et, aussi loin que je puisse remonter le fil de mon histoire, je revois un petit garçon qui ne pouvait concevoir son avenir sans la présence d'enfants.

Si vingt ans de conditionnement avaient suffi pour que ce petit garçon en vienne à s'expatrier lui-même du pays des émotions en s'affublant de la culotte du pourvoyeur, il espérait encore, tout au moins, épargner de l'exil son rôle de père.

Que d'innocence!

J'avais vingt-cinq ans. L'événement qui, comme une gifle, me rappelle brutalement cette espèce de conspiration visant à me maintenir à l'écart de la vie, est incontestablement et précisément la naissance de Roxanne (j'allais dire de ma fille, je suis incorrigible...).

Mes respirations répétées, l'ampleur de mes poussées, l'abondance de ma sueur, de mes larmes, toute cette exubérance, cette exaltation, cette joie bouleversante au cours de l'accouchement, tous ces efforts inhumains, ce stress, cette angoisse, cette appréhension, cette crainte de l'inconnu, pour rien. Tout ce fabuleux mystère, ce désir, cette manifestation des forces de la vie se déroulent indépendamment de nous, hommes.

Mes jambes ont beau faiblir, ma tête a beau s'envoler, gonflée par l'énergie de mon hyperventilation, mes muscles ont beau déployer leur force à l'unisson, tout ce que je puis produire, à la rigueur, c'est un petit tas de crotte, excusez-la. Mon travail est inutile, ma présence ne peut modifier en rien le cours des événements. Que je vive ou que je meure, un nouvel enfant naît indépendamment de moi. Nullité. La vie engendre la vie, et cette toute-puissance, c'est Diane qui la possède.

Je m'incline devant cette magicienne qui vient d'opérer avec une telle magnificence le plus prodigieux mystère humain qui soit. C'est le ravissement le plus total. Je n'ai rien compris à rien. Il y a exactement douze heures que je suis en alerte. Douze heures d'assistance inopérante. Douze heures dans l'attente d'un miracle qui dépasse en tout mon entendement. Impuissant devant le sublime, je prodigue mille attentions dérisoires, unique passeport qui m'est dévolu.

Et c'est l'éclatement: un volcan d'impressions, de sensations, d'émotions. Diane, transfigurée par cette indescriptible réalisation de soi, vient d'enfanter. Je l'admire, je l'adore.

Devant autant de gloire, je deviens ridicule. Ne sachant trop comment justifier mon épuisement inutile, je me fais minuscule et discret, de peur qu'on ne me chasse sur-le-champ. J'ai beau tenter de me rendre invisible, peu encombrant, tôt ou tard, on me rappellera la non-nécessité de figurer plus longtemps dans le décor.

Après ce moment, le plus beau, le plus grand, le plus dense, le plus émouvant de toute ma vie, on me fout à la porte. Après cette manifestation aussi intense, aussi sublime de la vie, on sépare le bois mort du cercle de vie. Diane, cette déesse, s'est révélée dans toute la splendeur de son être. Elle est mère. Le père, lui, insignifiant, gagne la rue. On l'évince. On l'éloigne.

Il est quatre heures du matin. La voûte céleste est infinie. Je suis l'homme le plus comblé du monde. Je suis seul, marqué par l'interdiction de partager l'intimité de ces deux êtres les plus importants au monde pour moi. Je suis comme cette cellule cancéreuse que l'on a extraite d'un organisme vivant et que l'on s'empresse de détruire. Contamination! La vie, cette vie, s'échappe à nouveau d'entre mes doigts. Cette femme et ce bébé n'ont donc aucun lien avec moi? Je n'y suis vraiment pour rien? Il y a une heure, une heure seulement, j'avais cru appartenir au monde malgré le non-sens de ma participation. Voilà qu'à présent je me sens plus dépossédé que jamais. Je suis seul. Comme une bête. Je broute dans le noir. On m'a écarté de ce nouveau noyau de vie qui prend forme: une mère et son enfant. Je retourne à ma niche avant de regagner le chemin du travail dans quelques heures, avant de réintégrer ce monde parallèle à la vie, ce monde de faux pouvoir auquel on m'a destiné et que j'ai choisi...

Comme si le message n'avait pas été assez clair, on revient à la charge dès le lendemain. J'arrive à la chambre. Diane, radieuse, vient de donner le sein à Roxanne. Elle tient cette minuscule enfant assise sur ses genoux, soulevant son cou et sa gorge de sa main droite tandis que de sa main gauche elle lui applique un léger massage dans le dos afin de l'accompagner dans sa digestion. Je suis éberlué, ébahi devant autant d'adresse. Son habileté m'ahurit. Comment a-t-elle appris? Diane avec un enfant, avec notre enfant, avec mon enfant. Avec son enfant. J'éprouve d'autant plus mon incompétence et mon exclusion. Je suis un étranger et elles, elles ont eu le temps de s'apprivoiser. L'étonnement passé, je m'approche pour cajoler à mon tour notre enfant. C'est alors que Diane, respectueuse des exigences de la direction de l'hôpital, me recommande de revêtir le sarrau vert désinfecté, aseptisé. Je suis un visiteur parmi tant d'autres. Un touriste.

J'ai trente ans. Diane, relogée au village, ma paternité zigouillée — même en temps de paix on assassine —, je reste seul dans cette maison retirée, trop grande avec ses neuf pièces, comme un naufragé échouant sur un récif, accroché à son épave.

Seul survivant de l'équipage, je découvre le désert de mon environnement en y restituant tous ces meubles et menus objets, souvenirs, jouets d'un récent passé, témoins des dix, onze, douze dernières années. J'habite ce musée d'une vie conjugale et familiale révolue où mon âme ne parvient guère à trouver de repos. Est-ce cet hier encore, confronté à cet aujourd'hui, ou bien l'inverse, qui me chavire tant? Tant d'années à se façonner un bonheur répondant en tout aux règles de la bienséance et aux images de *Papa a raison*. Cette maison en demeure le mémorial.

J'erre dans ce décor abandonné, comme en serre froide, ruminant la souffrance de mon coeur et de mon corps délaissés. Les bouts de vie que nous partageons désormais, les enfants et moi, ne cessent de rappeler cruellement à tout mon être ses besoins d'aimer et d'être aimé. Le contact de nos corps au moment du bain, les chatouilles, les becs dans le cou, les caresses, les massages à l'heure du dodo, ces doux moments d'amour, comme les périodes de sollicitations les plus exigeantes, me procurent à la fois réconfort et, surtout, affliction. Et cette affliction, issue de la séparation d'enfants chéris et doublée de l'éloignement d'une femme aimée, se nourrit, à son tour, d'une séparation plus meurtrière, puisqu'elle provient d'une violente confrontation avec moi-même. Car, en fait, s'il faut parler de séparation, il est de tout premier ordre d'évoquer celle opérée par les forces antagonistes se livrant une chaude lutte à l'intérieur de mon être depuis plusieurs mois, sinon depuis toujours.

Un véritable séisme intérieur était né de la pression exercée par mon ardent désir de vivre contre l'amas poussiéreux des images prescrites et réalisées, comme déjà dit. Mais aujourd'hui, ces images servant de point d'appui à ma réalité s'étaient enfuies. Déjà, trois années de travail soutenu d'introspection avaient permis d'ébranler la suprématie de mon éducation au profit de ma perception réelle de la vie. Mon énergie vitale, mes sens et mon affectivité étaient parvenus, petit à petit, à percer ma croûte cérébrale, atteignant mon intellect qui roupillait douillettement dans les rôles appris. Oui, la version imagée de ma vie, signée Walt Disney, en avait déjà pris pour son rhume. Et la muraille de ma présumée invincible forteresse d'homme montrait des brèches inquiétantes, laissant, lors des plus violentes secousses, s'écouler des flots de larmes.

Pleurer, je ne l'avais pas fait depuis l'époque de ma petite enfance, depuis l'âge de mes dix ans, depuis les tourments cachés de mon adolescence. Pleurer. J'ai même appris à me consoler de mes larmes malgré l'insécurité que ce nouveau comportement avait provoquée dans mon entourage immédiat. Et cette insécurité provoquée ne m'avait que fouetté davantage dans le sens de ma découverte. Non, moi aussi, je devais avoir le droit de faiblir. Depuis trop de temps, des mers de larmes retenues, contenues au nom de je ne sais quoi, réclamaient d'exercer naturellement le flux et le reflux de leur marée.

Alors, ce sont des lézardes, puis de véritables crevasses qui ont jeté à bas ma raison barbelée. Je me retrouvais progressivement en contact avec moi-même. Lentement, j'assistais à ma propre destitution que précipitait ma seconde naissance. De plus en plus, mes images d'époux, de pourvoyeur de sécurité affective, de jouissance, de standing social, de biens matériels, de références culturelles, politiques et intellectuelles me tailladaient littéralement.

Ayant toujours éprouvé l'inconfort de ma situation, il y avait longtemps que je m'étais douté d'une quelconque supercherie; mais, aveuglé par les modèles à imiter, j'avais fini par les faire miens, comme mes frères. Maintenant, tous ces portraits de moi, d'après ces modèles, venaient de m'être retirés. Soulagé de cette riche collection d'images, comment devais-je me réenligner? Comme le veilleur de nuit d'un musée désaffecté, je m'attristais à la vue de tous ces encadrements dépourvus des tableaux illustrant des réussites inutiles et des frustrations qui en avaient payé la facture. Quelques portraits oubliés montraient les traits tirés de mon personnage, éternellement insatisfait dans sa recherche d'une réalisation faussée à la source. Je voyais ici encore un petit garçon, adulte, en lambeaux, prostré sous l'accumulation des rôles et des responsabilités. Cet accablement traduisait le coût d'une éducation sanctionnée par la norme. J'éprouvais d'autant plus la nausée de ma sécheresse que l'on m'avait effectivement envié pour d'aussi dérisoires réalisations de moi. Je vomissais de dégoût d'avoir aussi longtemps confondu la réalité de mes besoins et les besoins qu'une certaine réalité avait mis en place.

Mais, qui suis-je, moi qui renonce à tous ces rôles de figurants d'hier? Qui suis-je, si je ne suis plus ce père, cet époux, ce symbole de réussite? C'est bien cette confrontation qui me pèse le plus durement aujourd'hui et l'équilibre est suffisamment rompu sans que je coure plus précipitamment vers ma perte. Que me reste-t-il d'autre à faire qu'à me soumettre et attendre que la métamorphose s'opère, selon son rythme?

Affres de la mort, traumatisme de la naissance. À trente ans, voilà où j'en suis.

Une parole prisonnière

11 octobre : l'impasse thérapeutique

Saint-Jérome. Clinique externe. Psychiatrie. Miné par mon cancer... j'attends.

Parqué dans cette salle sans doute surchauffée, j'ai froid. J'ai froid en dedans comme en dehors. Je me sens faible. Il y a trois jours que mes intestins manifestent mon angoisse. Trois jours de diarrhée et voilà qu'ils se plaignent encore. J'ai besoin de chaleur. Je me glisse sur ma chaise. Je pose mes bras sur mon ventre et je me parle doucement. Je ferme les yeux. Je ne veux plus voir le monde et je refuse de me voir. Je ne veux voir personne. Et pourtant, si je suis ici, c'est bien pour voir quelqu'un, pour rencontrer quelqu'un. Et ce quelqu'un, je l'ai même en quelque sorte choisi.

J'ai choisi de venir ici. J'ai choisi de travailler avec cet homme qui me recevra dans quelques minutes. J'ai choisi de travailler avec un homme car mon problème me concerne en tant qu'homme, dans ma condition d'homme. Cela nous concerne donc. Jusqu'ici, c'est à un monde de femmes que je dois l'épanouissement de mon univers intérieur. C'est à leur contact que j'ai appris le langage de ses silences, l'issue de ses méandres,

33

l'ampleur de sa puissance. Toutes ces femmes amies qui m'ont prêté l'oreille m'ont initié à la science me permettant de comprendre la chimie de mon être. Je suis leur fidèle admirateur. Mais cette fois, ma souffrance est de nature d'homme. D'homme-ex-époux, d'homme-père-amputé et d'homme à homme (pour ne pas dire domme-domme!). Cette dernière dimension me blesse quotidiennement. J'ai besoin de comprendre mon propre code de mâle. Et qui donc, mieux qu'un autre moi-même ou un être semblable à moi, peut m'aider plus justement? Mais je me heurte à des silences obstinés ou à des fuites assurées dès que j'ose manifester l'intention de m'attarder à élucider notre mystère. En tant qu'homme, je sais moi-même que s'attarder est synonyme d'attaquer, et que quiconque se respecte respecte les traités de paix! Ce faux respect ajoute à mon problème des dimensions démesurées, du fait qu'il me coupe l'accès à la seule source de lumière pouvant me fournir l'éclairage essentiel à ma mise au monde. Coûte que coûte, fût-il mon thérapeute, je suis résolu à entrer en contact avec un autre homme.

J'ai également choisi que ce thérapeute ait plus de quarante ans. Ainsi, j'espère bénéficier de l'expérience d'un aîné ayant vraisemblablement traversé des ténèbres équivalentes à celles de ma nuit. Plus de quarante ans mais moins de cinquante, car je ne veux à aucun prix transposer la troublante relation d'incommunicabilité caractérisant les rapports père-fils et auxquels le mien est loin de faire exception. J'entends des pas...! Mon coeur se débat. On vient me chercher. Les pas ont cessé. Ce n'est pas pour moi. Pas encore.

Je me sens comme à la pâtisserie *Lafayette* quand, petit, je tenais fermement mon numéro de client dans mes deux mains, de peur de le perdre, de peur qu'on m'oublie. La preuve que j'étais là et que je devais bien être servi un jour, je la tenais précieusement dans mes mains. Ici aussi, je me sens client. Un client que l'on appellera à quatre heures et qui devra quitter les lieux du magasin à cinq heures précises, heure de fermeture. C'est idiot de penser ainsi en pareille circonstance; mais je ne pense pas, je ressens.

"Monsieur Jean-Pierre Harel." Ça y est. C'est mon tour. On a crié mon numéro. J'ouvre les yeux, surpris, je vois deux commis qui semblent là pour me servir. Mais je n'ai plus dix ans, il ne s'agit plus de commander le pâté au saumon du vendredi et ces deux individus n'ont rien à voir avec ces dames sympathiques qui, souriantes, savaient ce que je venais chercher sans même que j'ouvre la bouche. Moi, assis. Eux, debout. L'un, de mon âge, plus dynamique, plus vivant que mort, se retire en compagnie de son patient. L'autre, d'âge mûr, me donne l'effet du plus taciturne fonctionnaire auquel on puisse avoir affaire (style bureau d'assurance-chômage). C'est ce dernier que je dois suivre. Cette première impression alimente bien mon obsession du travailleur terminant son boulot d'ici peu. Après moi, il retournera à ses occupations routinières. Il retournera à la maison après avoir acheté, chez *Perrette*, son pain quotidien, comme sa charmante épouse le lui aura sagement rappelé.

Le corridor est sans fin. C'est infernal. Est-ce vers une salle d'opération ou vers ma cellule que cet employé me dirige? Lobotomie ou peloton d'exécution? J'ai peur. Prison ou hôpital? Je me sens infiniment petit, victime de l'une ou l'autre de ces monstrueuses institutions. Ma réalité ne m'appartient plus. Depuis que je suis entré ici, nous dépendons, elle et moi, de la bonne marche du travail de la filière. De nature peu soumise, je n'oserais en ce lieu objecter quoi que ce soit, de peur d'entraver la bonne marche de cette mécanique qui m'échappe et d'aggraver encore mon cas. Je suis étranger à moi-même.

Nous entrons dans son bureau. Aucun mot n'aura été dit tout au long de cette montée à l'échafaud. Aucun geste, aucun. Ce bureau est laid, austère, repoussant. Un bureau de fonctionnaire désoeuvré. Je m'assois sur le fauteuil de cuir froid qui semble m'être destiné; enfin, à moi ou à un autre. Au suivant... C'est pénible. Ce dont je viens parler est vital pour moi, et rien, ici, ne semble vouloir alléger la gravité de ma démarche. À quel jeu tragique dois-je me livrer? Sans comprendre rien à rien, entraîné par mon trac, j'entre en scène en incarnant mon rôle de patient, d'homme-malade. Je débite mon texte, nerveux, sans arrêt, sans pause. Je parle. Je dis. Je conte. Je récite. Noyé dans ma salive, à bout de souffle, je prends un répit, espérant la réplique qui ne se manifeste d'aucune façon. Il ne bronche pas. Surtout, ne pas paraître. Seule la sonnerie du téléphone, mieux que moi, aura su tirer des paroles de cet homme. Était-ce madame? Je... Je... J'enchaîne. Je reprends sans conviction le fil de mon long monologue que j'interromps au bout de quelques lignes. Je suis paralysé. Je ne peux reprendre le fil de mon récit. Je ne puis souffrir plus longtemps ce soliloque. Je suffoque. Je bloque.

Voilà que je me contorsionne. Je suis hypertendu. Je ressens avec effroi ma solitude. Ma tension est aiguë. Je quitte cette souricière ou bien je me livre à un combat pour lequel je n'ai plus la force. Je saisis ma tête de mes deux mains et la dépose contre le dossier. Mes reins sont descendus sur le siège et mes jambes s'allongent loin devant moi. J'ai décroché. Je me sens défaillir, j'ai peur de me perdre. Comme pour me ramasser, j'entoure mon corps de mes deux bras. Je ne pourrais fuir cette salle de torture, mes jambes ne pourraient me supporter. Je reste, piégé.

Il me faut trouver de quoi, de qui je suis la proie. Mais qui donc me pourchasse! Je tente de me calmer tout en ressentant l'opprobre et la révolte étouffée du condamné innocent que le bourreau s'apprête à offrir à la jouissance sadique et muette des spectateurs. Imperturbable bourreau. Devant lui, le condamné se recueille. Je plonge à l'intérieur. J'explore ma noirceur, je l'éclaire d'oxygène. J'interroge mon coeur et je l'écoute. Une minute, deux, trois, quatre minutes... Peut-être me brûlerai-je encore les ailes mais...

Si j'avais senti entre nous un minimum d'entente basée sur un signe quelconque de réceptivité, un regard invitant, une parole de bienvenue, une main, un toucher accueillant... Si j'avais senti que cet homme, avec qui je viens travailler, était prêt à me recevoir. Si j'avais senti un minimum de chaleur... Si en regardant cet homme, j'avais senti la moindre disponibilité, la moindre authenticité... Je n'étais pas venu m'adresser au département des miracles, mais je m'attendais, néanmoins, dans un premier temps, à me sentir accepté en tant qu'être humain par un autre être humain.

"C'est cette absence de substance dans mes rapports avec les hommes dont je souffre qui fait que j'échoue ici, aujourd'hui. Alors comment, comment croyez-vous que je puisse prolonger l'odieux de notre rapport, quand cette situation même de relation d'aide voudrait m'imposer ce même maudit modèle désincarné, inhumain, contre nature, basé sur un refus vicieux d'entrer en contact? Depuis que j'ai l'âge de raison, j'intellectualise, je cherche à comprendre, j'établis des rapports de cause à effet entre mes expériences passées et mes comportements présents; mais j'en ai assez. Je ne veux plus de comment, de pourquoi. Je veux me libérer de ma tête, je veux sentir librement, j'ai besoin de sentir. Je ne veux plus entrer en relation avec le monde que pour y débattre des idées. Je veux que l'on m'aide à vivre, à vivre avec mes émotions, et, pour ce faire, j'ai besoin de sentir que l'homme que vous êtes et qui est devant moi a, lui aussi, une composante émotion." "Vous avez fait des liens, dites-vous?"

Ma quête est vaine. Quarante-cinq minutes pour ma défense. Expliquer mon déséquilibre, ma peur de sombrer, mon urgent besoin de contact, de compréhension, de chaleur, ma révolte quotidienne face à l'impasse de ma relation avec mes semblables et mon profond dégoût, mon écoeurement à retrouver, au sein même de la présente relation d'aide, l'absurdité de nos rapports homme-homme, leur stérilité, leur débilité. Exténué, défait, vaincu, je me défends contre ce monstre technique de la relation humaine afin de tenter de déceler un soupçon de réceptivité, d'honnêteté, si infime soit-il. J'espérais établir une qualité minimum de relation avec un autre homme. Je récolte un troublant échec. La carapace psychanalytique est-elle encore moins perméable que le scaphandre *XY*?

À la sortie de son bureau, je croise le thérapeute que j'ai, une heure plus tôt, identifié comme étant de mon âge. Je m'accrocherais littéralement à lui en lui demandant, avant de couler, s'il est prêt à nager avec moi, de m'aider à atteindre l'autre rive. Je lui dirais qu'en s'entraidant, même si on a l'air de deux petits-culs orphelins, sans père ou frère aîné, s'il est prêt à y mettre du sien, moi j'investirais toute ma sincérité, et nous pourrions sûrement apprendre à nous frayer un chemin dans le cours de cette existence parfois trop absurde, tout en nous alimentant de l'énergie de nos émotions. Mais, tout le caractère "in-hospitalier" de ce corridor m'agresse à nouveau, réaffirmant l'insupportable folie qui me talonne.

Ce décor me définit comme un déshérité, traqué par quelque ennemi invincible, cherchant protection auprès du premier passant. J'échappe de justesse au pouvoir du dieu vengeur. Un bref retour à la réalité et je puis lire: Sortie. J'enfonce la porte. Happé par le bruit de la circulation, ne distinguant plus cauchemar et réalité, je retrouve le monde, encore plus menaçant et plus hostile que lorsque je l'ai quitté.

12 octobre: dialogue sans issue

J'avais posé le pied dans le passage donnant accès aux salles communes de travail. Je fuyais l'exiguïté oppressante de ma stalle. Les sombres panneaux gris, destinés à délimiter mon espace de bureau de celui de mes collègues, n'arrivaient plus à contenir l'horrible tension qui me tenaillait. Certains signes incongrus d'agitation trahissaient malgré moi un trop-plein émotif, et le milieu devait éviter d'être souillé par quelque épanchement humain que ce soit. Cette sinistre clôture de fonctionnaire ne semblait que vouloir emmurer davantage le trouble qui distendait tout mon être. L'environnement me semblait ainsi se doter d'une double mesure de protection comme si la censure inhérente au milieu de travail, garantissant la négation de soi auprès de ses victimes, n'avait pas suffi à étouffer l'écho de mes cris intérieurs. J'avais quitté ce pacage rétréci à la recherche d'un espace mieux aéré, plus vaste.

Je promenais mon allure déconfite dans l'austérité de ce passage mal éclairé, en cette fin de journée d'hiver. Je tentais d'apaiser ma nervosité en lui présentant le calme spectacle des montagnes enneigées, enchâssées dans l'immense fenêtre de ce bout de corridor. Je me laissais emporter par cette douce invitation au voyage vers l'infini. Les différents comités du jour finissaient leur travail. Les salles se vidaient. Je me réjouissais de n'avoir été abordé par aucun des individus quittant les lieux. Je n'avais aucune envie de jouer le jeu du professionnel. Et pourtant, voilà que j'éprouve encore un plaisir mitigé à reconnaître les silhouettes d'Alain et de Marie.

Heureux hasard! Je les trouve plus beaux que de coutume. Tous les trois, nous nous plaisons, en silence, depuis belle lurette. Et comme il y a plusieurs semaines que je n'ai vu Alain, je ressens un vif besoin de le saluer chaleureusement. Mais je rétracte, avant même qu'elle n'en esquisse le geste, ma main tentée de rencontrer la sienne. Cette autorépression se dit pour mon bien. Plutôt que de laisser libre cours à mes envies spontanées d'embrasser et de serrer, je me punis davantage, je réprime: comme si laisser parler mon corps confirmait, du même coup, à mon entourage, l'urgence de mon internement. Les gestes, la parole, le regard, réglés par la routine, restent neutres même devant la mort. Mais la sensibilité exacerbée accorde aux faits et gestes quotidiens des dimensions qu'elle seule perçoit. Et moi, il me suffisait d'un rien pour que ma tension s'amplifie sur-le-champ et me trouble entièrement, comme maintenant.

Pourtant, nous sommes contents de nous voir. J'ai même l'impression qu'ils souhaitent me parler. Me parler, c'est-à-dire partager avec moi le poids de mon malaise. Oui, je le sais, je le sens, ils veulent me parler. Ils stationnent carrément devant moi. Alain pose sa valise. Marie, jusqu'ici affairée à assurer l'importance des dossiers qu'elle maintenait pressés contre sa poitrine, se détend. Voilà que nous sommes disponibles. Ainsi, ils m'entretiennent d'évaluation comme composante intégrante de l'apprentissage et de son rôle prépondérant à ce niveau; d'une recherche intéressante relatée dans la revue *Psychologie*, etc. Effectivement, ils s'adressent à moi. Mais je n'arrive pas à embarquer. Je demeure à l'écart.

Eux, ils sont partis pour la gloire. Marie, comme toujours, est en beauté. Quand j'ai la chance de me retrouver autour de la flamme qui l'anime lorsqu'elle parle de pédagogie, d'apprentissage, d'enfants et du reste, c'est irrésistible. Je ne peux qu'éprouver l'ensorcellement du bivouac. Alain s'agite aussi avec enthousiasme. Ses gestes doux apportent maintes nuances. Et bien que son engouement à lui exerce sur moi une tout aussi fascinante distraction, j'oblige ma concentration à ne tenir compte que de son discours. Pas plus qu'à lui serrer la main, je ne m'autorise à me nourrir de sa voix chaleureuse, de son regard profond dont j'éprouve à l'instant un si pressant besoin. Comme il serait réconfortant de me laisser réchauffer par ces manifestations de rapprochement. Mais bien que la beauté de sa ferveur ne fasse que croître et qu'elle m'offre, à mots couverts, de me consoler, je me retourne vers Marie afin d'y cueillir, en toute bonne conscience, le reflet de sa chaleur désormais ténue, presque effacée derrière l'argumentation empressée de notre compère. Puis je me laisse ballotter. J'accepte le revirement. Je cède et je m'y brûle en laissant échapper: "Maudit Alain!" Tout en administrant un léger coup de pied à sa serviette posée près de lui.

C'est le deuxième contact que j'évite en moins de deux minutes. C'en est trop. Je me retire du trio et je m'adosse au mur. Replié sur moi-même, j'éprouve une sensation désagréable, celle d'un grand froid qui m'envahit comme si mon sang cessait sa course. Visiblement, je dois sembler dérangé car mes deux interlocuteurs tentent subitement de rétablir le triangle, à grands coups de gestes et de regards inutiles. Chacun émet des répliques par bribes, essayant de réparer le circuit, tout en amorçant timidement le rite de la rupture. Alain reprend sa serviette en hésitant. Des pas incertains, signes évidents d'échec au rétablissement du contact, mêlés à des efforts encore maladroits de retour, finissent par établir une distance au-delà de laquelle tout prolongement devient d'une gênante insistance.

Je réintègre mon bureau non moins assommé que lorsque j'en suis sorti. Je m'affale dans mon fauteuil. Ma nervosité est à son comble. J'ai à nouveau les extrémités gelées. Je glisse les mains sous mon fessier tout en regardant l'heure. Je ne peux plus reculer; si je n'appelle pas tout de suite, la clinique sera fermée. Mais le seul souvenir de l'impasse connue la veille au cours de cette chirurgie psychanalytique parvient à me démobiliser. Pourtant, je dois rappeler à la clinique car si, autour de moi, parmi ceux que j'aime, je ne parviens pas à établir un contact satisfaisant, c'est que je suis malheureusement mûr pour l'hôpital. Réfractaire ou non au sérum clinique, je dois envisager cette solution. Ma perte d'énergie s'aggrave et j'ai peur de céder à la moindre routine qui ne m'est plus qu'épreuve.

Piteux, je m'apprête à téléphoner à la clinique en question, résolu à quémander la possibilité de rencontrer un thérapeute manifestant une empathie plus gratuite. Mais je m'effondre littéralement sur mon bureau, écrasé par l'obligation de revenir à la charge dans ma démarche, et démoralisé de devoir à nouveau rassembler le courage et les forces physiques nécessaires. Je compose le numéro de téléphone. Je ressasse mon boniment de façon machinale. Je demande le service. Je réclame la personne autorisée. Je me présente. Puis je me perds en confusion dès que je tente de formuler ma demande. Et je recommence, de plus en plus pressé et désorganisé devant l'aiguille meurtrière de l'horloge. Je voudrais tout juste crier: "Au secours, Popeye!" et entendre: "J'arrive", comme au temps où j'aimais incarner ce personnage dans mes jeux d'enfants avec mes soeurs. Mais il faut choisir des mots, faire des phrases, expliquer à cette institution toute-puissante ma déroute et l'impasse dans laquelle il semble que je me sois retrouvé lors de cette première entrevue de la veille. Expliquer et encore me défendre. Oublier mon désordre, surmonter mon trouble. Feindre l'aliénant équilibre. M'ignorer une fois de plus, poser une dernière plainte, tentant désespérément d'obtenir l'aide, la compréhension et la chaleur dont j'ai besoin. Aidez-moi s'il vous plaît. Faites quelque chose.

Voilà que François, mon bien-aimé collègue, sifflant pour s'annoncer et pour tromper sa gêne, apparaît dans mon bureau. Avisé, assurément par Marie, de mon état lamentable, il vient aimablement me saluer avant de s'en aller. Complètement habillé, ganté, botté, il me manifeste en cela qu'il ne fait que passer... Prêt à partir, il ne voudrait surtout pas me déranger ou s'attarder...

Moi, abandonné à moi-même, déchu, je ne peux, à cet instant, me masquer de bonne humeur. Par surcroît, voilà que je suis ému de la visite de François comme lui-même de mon état. Gauches tous les deux, nous ne savons que dire, que faire. Sur le terrain mouvant de nos émotions, nous ne sommes pas dupes du risque élevé de collision. Craignant l'attaque, muets, nous reconnaissons tous les deux l'embuscade. Trop francs pour ignorer la tension grandissante, nous demeurons toutefois interdits, aux aguets. Lequel d'entre nous chargera le premier en lançant la bonne parole, le bon geste. François monte sa garde, arpentant comme une sentinelle la frontière de son territoire.

"François, dis-moi quelque chose. Dis-moi que tu ignores le comment mais que tu voudrais bien me signifier que tu me comprends, que tu m'aimes, que tu es là. Passe-moi la main dans les cheveux, prends-moi par les épaules, serre-moi dans tes bras. Fais quelque chose." Je hurle ainsi en moi-même quand, encore une fois, mon éducation me sauve de la situation, du ridicule... Machinalement, j'adopte une position défensive en écartant mon fauteuil de ma table de travail sur laquelle je pose mes deux pieds; désormais on peut me frapper, je saurai me défendre.

De partout, mes veines explosent sous le roulement du tambour de mon coeur. Mes muscles, au garde-à-vous, attendent le signal pour la contre-attaque. Je contiens avec horreur une fureur panique. L'heure fatidique approche déjà à la cadence des pas de François s'avançant vers mon fauteuil. Ça y est, c'est la détonation. François dirige un poing au-dessus de moi et, assénant un retentissant coup de pied à la base de mon fauteuil, déclare: "Maudit Jean-Pierre, repose-toi bien. Salut!" Sans attendre la riposte, il bat en retraite...

Cher François, je comprends ta maladresse puisqu'elle est de la même nature que la mienne; puisqu'elle est le lot de notre condition; puisqu'elle est le révoltant héritage de l'histoire, de notre éducation. Ma colère gronde. Elle gronde, mais je comprends François. Peut-être avons-nous trente ans d'existence, mais avant même de naître, nous étions morts. Nos êtres étaient assassinés avant même d'avoir vu le jour. Au sein de l'oeuf où nous logions, l'inconscient collectif avait fait son oeuvre en y détruisant la vie de nos coeurs, de nos sens, de nos corps. Par crainte que cette mutation génétique ne suffise pas, toutes les mesures éducatives furent prises afin d'assurer cette interdiction d'accès à la vie. Car si on acceptait de nous donner le jour, c'était à la condition que, privés de l'essentiel, nous passions le reste de notre existence à errer, à la recherche d'une raison d'être.

Ablations, par-dessus castrations, par-dessus privations, par-dessus frustrations, tout, tous et chacun, à commencer par nos pères, modèles mutilés par excellence, avaient pour mission de faire de nous des hommes, c'est-à-dire cette moitié de l'humanité dépouillée de ses sens, de ses émotions, de son corps et réduite, comme une bête de somme, à justifier auprès de ses maîtres, par le biais du déploiement de sa force, le sens de sa propre existence. Restait à se convaincre que là était la seule et véritable forme d'existence pouvant nous rendre dignes de notre pitance quotidienne. "Demain, tu seras un homme mon fils." "D'la marde, câlice, d'la marde!!!"

Interdiction d'avoir peur, interdiction d'avoir mal, interdiction d'avoir froid, interdiction de pleurer, interdiction d'embrasser sa soeur, son père, son frère, interdiction de s'émerveiller, interdiction de sentir les fleurs, interdiction d'être ému, d'éprouver la moindre sensation, de dire: "Je t'aime papa", de tenir la main, le cou, la taille de notre compagnon de jeu, d'école. Interdiction de fermer les yeux, d'apprécier la musique douce, de sentir toutes ces odeurs de cuisine, de se blottir dans les bras de son père, dans les jupes de sa mère, de... "Mon gars s'ra pas une tapette!!!"

Et nous avons cru, et j'ai cru, malgré des tiraillements, des déchirures abominables, malgré tous ces cris de résistance de mon organisme (pleurs inconsolables tout enfant, bégaiement à six-sept ans, crampes intestinales atroces à dix-onze ans, saignements de nez à quinze-seize ans) et j'ai cru devoir renoncer à la vie en acceptant d'être un homme. Et comme tous les hommes, j'ai revendiqué ma place au soleil par le truchement piégé de la voie du pouvoir. Si on tente de nous déposséder, de nous éliminer, nous nous rendrons indispensables. Question de survie!

Oh oui, François, je comprends, Je comprends surtout pourquoi je suis incapable de te dire que je t'aime, parce que je comprends pourquoi mon père lui-même n'a pu me le dire. Parce que je comprends pourquoi Michel préfère tant avoir une deuxième fille sans pouvoir l'expliquer. "C'est comme ça!" dit-il. Parce que je comprends tout le sens de la position de Robert disant presque espérer avoir une troisième fille, en invoquant qu'il lui paraît moins problématique d'élever une fille dans le contexte d'aujourd'hui, se référant, en cela, au fait que l'on a qu'à laisser libre cours au développement de son affectivité tout en stimulant ses capacités intellectuelles et sa résistance physique. De nos jours, ça fait bien d'être une femme bien pensante et indépendante comme un homme... Mais un garçon, on pourrait le laisser pleurer, avoir froid, embrasser Pierre, Jean, Jacques aussi bien que sa grand-maman? C'est insécurisant!

Je comprends pourquoi Gilles espère lui aussi avoir une seconde fille, alléguant qu'une fille est de nature plus affectueuse, que tu peux la prendre dans tes bras, sans problème. Je comprends, dans la même veine, la réserve de Rolland devant la naissance de son premier fils qui interrompait une agréable séquence composée de trois filles. Je comprends Marc, cessant d'embrasser son fils de deux ans pour mettre fin à un malaise qu'il définissait mal. Je comprends Jean-Pierre qui, s'amusant dans la baignoire avec son fils de trois ans, se sentait parfois troublé lorsque Carole faisait irruption. Je comprends pourquoi Benoît se dit agacé lorsque ses deux fils s'attardent au lit. Faut dire que j'avais déjà compris le motif de mon soulagement à la vue de la vulve de notre première-née, malgré mon désir ancré d'avoir un fils, un frère.

Je comprends combien, à travers tous ces gestes ou attitudes, l'angoisse d'aimer un semblable à soi est omniprésente; l'angoisse de vivre cet amour, dont nous privent et se privent nos pères eux-mêmes. L'angoisse de laisser émerger et vivre cet amour tout naturel, mais défendu: l'amour d'un père envers son fils.

Et je comprends pourquoi Richard, à la fin d'un cours particulièrement dense en émotion, avait dit: "J'aimerais qu'on soit une équipe de football venant de remporter un brillant championnat, pour que je puisse vous serrer pis vous embrasser." Je comprends ces longues amitiés masculines silencieuses. Je comprends pourquoi, malgré des gestes de traîtrise évidents, mon père a continué obstinément à excuser ses grands amis et à leur procurer argent et confiance. Je comprends pourquoi Jacques prend Luc par le cou, en ridiculisant un couple d'homosexuels, quand je leur demande ce qu'ils font comme travail. Ils sont toujours ensemble. Je comprends pourquoi tant et tant d'hommes niaisent si souvent en adoptant des comportements de "tapette"; ces situations sont d'ailleurs toujours des plus révélatrices. Je comprends pourquoi tous les hommes ne peuvent supporter la proximité du corps d'un autre homme; bien entendu, les sports tels la lutte, la boxe, le foot, le hockey constituent d'excellentes soupapes.

Je comprends pourquoi un homme se dit, a priori, incapable de dire si tel autre est beau ou laid. Je comprends pourquoi les hommes se réservent l'intimité de la chasse et de la pêche, comme ils se réservaient jadis les tavernes. Je comprends l'empressement de Louis, de François et de Philippe à réprimer et à ridiculiser leur élan spontané à venir m'embrasser après une longue période d'absence. Je comprends ma gêne personnelle à avoir, bien contre moi, ébauché les mêmes gestes, etc.

Ah oui, que je comprends! Je comprends, avec toutes ces déformations et cette malignité, que vouloir répondre à ce premier besoin d'amour signifie déviation homosexuelle. Je comprends, mais je comprends donc pourquoi nos relations hommes-hommes sont à ce point vides et ambiguës!

Comment entrer en contact l'un avec l'autre, sans raison sociale, politique, économique ou professionnelle; sans raison tout court. Comment nous retrouver l'un en face de l'autre en parlant de nos vies, en parlant de nous-mêmes, en nous reconnaissant mutuellement comme humains dotés d'affectivité et d'émotion, sans redouter dans l'affolement notre besoin désespéré d'attendrissement interpersonnel?

Comment pouvons-nous en arriver à établir un rapport humain de qualité sans craindre de reconnaître notre dissociation de notre clan? Comment vivre tels que nous sommes sans être condamnés, expulsés, sans avoir le sentiment de trahir des siècles d'histoire, sans appréhender, en cela, l'odieux du rejet, de la solitude? Le problème est entier, car il s'inscrit dans un cercle trois fois vicieux:

— Vit, qui ressent la vie en soi. Or, depuis ma fécondation, on s'est appliqué à tuer la vie en moi. Par conséquent, si je tente de faire renaître ce premier souffle de vie en moi, c'est que j'accepte de m'affranchir, moi, de cette image d'homme, cristallisée depuis des temps immémoriaux, comme on dit.

— M'affranchir de cet archétype équivaut à un sacrilège, à une impardonnable offense à l'égard de ma tribu. Or, comment concevoir qu'entre nous, hommes, nous puissions, ainsi menacés d'ostracisme, choisir librement de vivre face à face quand, effectivement, notre appartenance même à notre collectivité est en jeu?

— Si, dans notre recherche acharnée de vivre, j'accepte avec toi la torture du rejet, en tant que déserteurs, seuls survivants d'une audacieuse épopée, il est plus que probable qu'un pur sentiment d'amour sublimé à travers tant de siècles naisse réellement entre nous. Ce sentiment, présage d'une libération définitive, fera à nouveau de nous les victimes de l'ultime châtiment. Le silence avait dit vrai...

Choisirai-je encore longtemps de te manifester mon amour à coups de pied et à coups de poing?

P.S.: Quand on me dit qu'au Québec on assiste manifestement à une accélération positive du mouvement vers l'homme-émotion, évoquant l'apparition fréquente, au petit écran, de grotesques personnages efféminés, je ne peux que pousser des hauts cris. Ce n'est certes pas le fait de brandir le spectre d'une telle déchéance qui nous incitera à libérer nos émotions. Ces caricatures, toutes aussi ridicules les unes que les autres, mais non moins menaçantes, d'hommes éprouvant de façon démesurée des émotions insensées, ont tôt fait de nous rappeler à l'ordre, insécures comme nous le sommes dans l'expression de nos sentiments. Faites proliférer ces images et l'homme-carapace, la majorité, ainsi que l'homme-fleur-bleue, comme moi, ne feront que cadenasser à double tour leurs corps, leurs sens et leurs bouches, terrifiés par cette peur déjà trop inculquée de se voir, sinon, travestis en "hommelettes".

Le pouvoir sait bien récupérer ce qui le sert. Décidément, il nous reste une longue route.

20 novembre: le silence qui tue

La télévision est ouverte comme toujours. Il écoute le hockey, son hockey. Il est royalement assis dans son *lazy-boy*. Je me suis confortablement allongé sur le sofa, un coussin sous la tête. Je le regarde qui regarde la télévision. Aucun médecin n'a encore pu annoncer le décompte de ses jours. Apparemment, officiellement, il n'est pas encore malade. Pourtant, seule la mort, comme je l'avais anticipée, pouvait détendre notre relation. Et, ce soir, soudainement, un calme mystérieux nous fait complices. Pour la première fois de ma vie, ou plutôt pour la seconde (la première, il y a quinze ans, m'ayant à jamais rendu muet face à lui), j'attire l'attention de mon père. Je... je l'interromps en pleine joute de hockey.

"Papa, c'est fou, c'est bête à dire comme ça, mais je veux vous dire que je vous aime." Oh! quel bien-être! Une guerre de trente ans vient de prendre fin. Se retournant vers moi, un sourire angélique transformant la dureté de son visage de chef de famille: "Je le sais, tu me l'as déjà dit." Il me regarde. Je ne comprends pas tout de suite, mais les mots n'ont déjà plus d'importance.

Ce soir-là, j'ai dormi dans l'amour de mon père. Je me suis rallié à lui, consolé d'une interminable peine, mais horrifié par l'absurdité de notre dernière chance.

La mort précoce qui me semblait s'emparer de mon père, âgé de soixante-quatre ans, n'était rien d'autre que la fin de cet injuste combat entre sa vie intérieure, d'une densité émotive explosive mais inexprimée parce qu'interdite, et l'épuisement complet dû au maintien de son image d'une insignifiante virilité.

Tant qu'il avait pu transformer cette énergie vitale, ses émotions, en une réalisation sociale et économique de lui-même, il vivait, du moins en apparence. Et quelle ardeur n'avait-il pas déployée. Du matin au soir, du soir au matin, comme un forcené, vingt-quatre heures par jour, sept jours par semaine, trois cent soixante-cinq jours par année. Travailler pour oublier, travailler pour s'oublier, travailler pour être reconnu dans ce monde parallèle d'hommes, de violence, de compétition, de cruauté. Puisqu'il lui était impossible d'être accepté tel qu'il était, avec ses peurs, ses angoisses, ses phobies, ses

50

faiblesses, et parce qu'il était gauche dans ses relations d'amour avec sa femme, ses enfants, les autres femmes et ses chums, il avait été contraint de perdre sa vie à la gagner.

Ce carnage quotidien d'hommes-bêtes déjoués, mis en présence dans la même arène socio-politico-économique, est sans pardon. Toute cette énergie affective est sacrifiée pour l'absurde maintien d'un système lui-même inhumain, puisque engendré au départ par des humains mutilés, les hommes. Le système est notre fils. Hé! les gars, on s'est fait un petit à nous autres. Un monstre comme nous autres.

Un peu d'alcool pour nous aider à oublier et à ne pas oublier. Quelques ulcères, hernies, diverticules, impuissances périodiques, problèmes de prostate, crises cardiaques, infarctus, douleurs dorsales, etc. Vers quarante-cinq ou cinquante ans, au sommet de la gloire, en pleine réussite (!), séparé ou divorcé mais, à coup sûr, réinstallé dans les mêmes attelages, parce qu'il n'a pas eu le temps pour penser à sa vie et qu'il n'a jamais su comment, l'homme est durement confronté à l'impasse de sa fuite. Toute cette réussite basée sur sa force physique inébranlable, tout à coup, est mise en péril par la menace de sa capacité de résistance, qui, de fait, s'étiole.

Mon père, qui, en 1945, ouvrait son humble épicerie avec cent dollars en poche, devait se résoudre, vingt-cinq ans plus tard, à abandonner le fruit de ses dures années de labeur alors évalué à quelque cent mille dollars.

Voilà qu'à cinquante-trois ans il est obligé, en raison d'attaques cardiaques répétées, de quitter la forteresse où il a appris à se réfugier. Voilà qu'on le somme d'écouter, de voir et de sentir la vie qui se passe en lui et autour de lui. On lui reconnaît subitement le droit de vivre. Conditionné à une tout autre forme d'exis-

51

tence, il résistera encore quelques années, tentant de sauvegarder sa bourgade. Il durcira ses positions face à certaines valeurs et opinions, futiles en soi, mais prouvant à nul autre qu'à lui-même, par ses quelques intransigeances, qu'il peut être craint et, en cela, qu'il doit être respecté. Il affaiblira ainsi ses maigres réserves dans de vaines revendications, face à un monde qu'il ne comprendra plus et dont il se sentira de plus en plus dépossédé.

Puis, envahi par l'abondante moisson d'amour semée par la généreuse affection de ses petits-enfants, entouré de ses enfants qui, devenus adultes, ont enfin pardonné, de la chaude consolation des amis éprouvant le même drame étouffé, de sa femme, témoin attentif du combat qui le ronge, il mourra, dévoré par les racines de son arbre affectif qui, privé de fleurir vers l'extérieur, s'est développé à l'intérieur de sa propre serre, grugeant, pour se nourrir, son foie, ses poumons, son coeur et son cerveau.

Il m'aura fallu attendre trente et un ans pour comprendre que l'incompréhension, le rejet, l'incommunicabilité entre nous, avait été, inéluctablement, le caractère le plus normal de notre relation. Mais je peux te dire une chose, papa: à la naissance de Vincent, c'est avec beaucoup d'émotion que je me suis penché sur lui, en souhaitant que nous ne répétions jamais une relation aussi tristement conflictuelle que celle qui a fait de toi et de moi des ennemis invétérés. Et si j'avais cru en un Dieu, je l'aurais conjuré de nous épargner ce mal. J'ai dit à mon fils: "Je t'aime", et j'aurais aimé sentir sa chair neuve contre la mienne encore jeune, le serrer dans mes bras et le réchauffer, pour qu'ainsi nos corps rassemblés puissent se reconnaître et mieux se reposer. Mais le désir ardent de ce contact, tout comme celui éprouvé à la naissance de Roxanne, n'a pu, bien sûr, être satisfait que quelques jours plus tard, dans le plus secret de notre intimité. Mais je te jure, papa, que notre amour à lui et à moi croîtra en pleine lumière.

Tout ce temps pour comprendre que notre haine réciproque n'était que l'expression déformée de l'amour refoulé que tu ne savais et que tu ne pouvais m'exprimer, car toi, comme tous les autres, tu n'aurais à aucun prix risqué d'ébranler ainsi les fondements de ton image d'homme. Jamais, en aucun cas d'ailleurs, tu n'aurais pu admettre toi-même que tu souffrais réellement de cette situation tant et tellement profondément tu en avais enfoui les plaintes.

Ce n'est qu'au soir ultime de ta vie, comme pour la très grande majorité des pères de mes frères-hommes, que, le faux pouvoir t'ayant ruiné et abandonné, tu consentis à te laisser aller à entendre battre ton coeur malade, et pour cause, ainsi que ceux de tes proches. Tu as tout d'abord protégé ta pudeur en jetant un premier regard attendrissant sur la pureté de tes petits-enfants. Puis, à ma demande, tu as finalement consenti à poser ton regard sur moi. Pour la première fois de nos vies, moins de trois semaines avant que la tienne ne t'abandonne définitivement, nous avons parlé. Il aura fallu que tu saches que ton rideau allait tomber incessamment pour que tu acceptes la menace de la vie. Pour que tu laisses ma main, émue par le contact de la tienne, s'imprégner de l'essence de ta vie. Pour que tu acceptes que je te dise comme je t'aimais et de même recevoir, avec humour et partage, ma révolte d'homme face à ta maladie. Il aura fallu la mort pour que nous vivions dix-huit jours ensemble. C'est l'injustice de notre condition contre laquelle je m'insurge.

Non! Je refuse de poursuivre. Je refuse de justifier ma vie par le chiffre d'affaires de mon commerce ou de mon bureau. Je renonce à limiter ma vie à un pouvoir économique. Je dénonce ce marchandage. Malgré trente ans de lutte qui ne m'ont apporté que blessures, je revendiquerai encore mon droit à la vie, ma place au soleil. Mon arbre émotif a le droit de croître face au soleil, à la pluie et au vent. Il veut grandir et faire ses fleurs à chaque printemps. Je ne veux pas être la proie de son involution et périr parce que mes organes, enchevêtrés par sa présence, ne pourront plus fonctionner. Je veux vivre. Qu'on me laisse balbutier, qu'on me laisse faire mes premiers pas; je suis gauche, mais j'apprends, et le contrat est de taille. Le sentier est vierge, sauvage. Ni mes pères, grands-pères et ancêtres ne l'on foulé. J'y pénètre, sans guide. Je débroussaille et j'ai peur. Et c'est cette peur qui me rend encore plus maladroit que je ne le suis véritablement.

Un corps prend la parole

22 novembre : puissance du corps

Après quatre mois de célibat et d'abstinence, je me retrouve en compagnie d'une bonne amie qui incarne, pour moi, la fontaine même de la sensualité. Sa bouche, son regard, ses gestes et sa voix me séduisent.

Mon oreille est bercée par les accords de Presti et Lagoya. Mon odorat est enivré par le fumet du repas. Ma vue est ravie par la douceur de l'éclairage. Nous savourons tous deux la qualité de ce climat. Quiétude et volupté. Nous causons puis nous parlons de nous. Au fur et à mesure que croît notre intimité, ma passion se révèle et s'affermit.

Voici que nos premiers attouchements vivifient la fièvre qui encourage mon érection déjà encombrante. Les prémices auront été lentes, bienfaisantes, cocasses parfois : ces amants ne sont pas des adeptes de l'aventure. Rien à voir avec les sportifs chevronnés du flirt du samedi soir.

Nous passons au lit tandis que mon pénis cesse de faire le beau. J'ai pourtant l'impression d'être décontracté. Malgré ce contretemps, je nous trouve magnifiques. Je suis heureux. Je respire le corps de ma maîtresse. Je me grise de ses secrets. Sa peau est fine soie sur laquelle mes baisers ne se lassent pas de glisser. Je me cache dans son cou et ma tête s'y blottit entre l'océan de ses yeux et la colline de son épaule. Mon sexe réapparaît, heureux, comme moi, de se réchauffer contre l'hôtesse qui le reçoit. Je m'assieds tout contre elle afin de contempler la splendeur de l'horizon de son corps. La couleur de sa peau est comme sable blond. Et, tandis que mes doigts s'étonnent encore du satin de cette plage, mes yeux embrassent ses seins avant que ma bouche ne s'y pose. Découvertes et apprivoisements des corps. Le rythme demeure paisible et confiant. Du bout de mes lèvres et du bout de mes doigts, j'effleure à peine la terre de ce nouvel univers que j'ai plaisir à sentir, à goûter, à voir, à entendre, à apprendre. Je me redresse à nouveau pour admirer globalement ce nouveau monde. Je retourne sur la pointe des doigts, sur la pointe des lèvres, y manifester ma présence, y prendre et y donner plaisir. Charmé, je reviens chérir l'image totale de cette beauté. Tout est calme.

Brusquement, je ressens une grande solitude, ce qui n'est pas sans me contrarier. Je constate du même coup que mon sexe, à nouveau, a perdu sa forme. Je n'apprécie guère l'impression qui s'empare de moi. Un profond soupir confirme mon malaise. Quelque chose me perturbe. Il est question de refus; mais refus de quoi, bon sang? Il y a des mois que je rêve de cette situation, que je l'imagine... Je m'allonge, penaud.

J'aime cette femme. Nous nous reconnaissons, tous deux, un attrait réciproque de longue date. J'étais content et, tout à l'heure encore, fougueusement excité. Même en ce moment, je me sens relativement bien, reçu, accueilli auprès d'elle. Ma première amante depuis mon retour au célibat, ma première impuissance!

Hélène se retourne sur le côté, sur le ventre, et nous continuons à converser. Je parviens à rigoler: "Quelle atteinte à ma virilité." J'ai beau rire, la farce demeure plate. Notre soirée s'est terminée en queue de poisson. Hélène a beau faire preuve d'une franche compréhension, je demeure en point d'interrogation. Nous nous endormirons comme frère et soeur.

4 décembre: un corps s'est respecté

Mon échec plutôt vexant d'amant débandé m'aura tourmenté pendant près de deux semaines avant que j'en éclaircisse l'énigme avec l'aide de mon nouveau thérapeute.

Je venais tout juste de lui parler de mon refus d'être défini comme pourvoyeur: pourvoyeur économique, pourvoyeur de sécurité matérielle et affective, pourvoyeur de chaleur, de tendresse, de jouissance. "J'ai besoin de sentir qu'on m'aime. J'ai besoin qu'on s'occupe de moi. Je suis encore prêt à donner, car, en donnant, je prends également une certaine part de plaisir; mais je ne veux plus être un donneur universel. Je ne veux plus qu'on attende de moi. Je ne veux plus de cette responsabilité de bienfaiteur. Je ne veux plus, parce que je ne peux plus supporter le stress de cette responsabilité. Je veux sentir qu'on se montre généreux envers moi pour ce que je suis; qu'on me donne parce qu'on m'aime et non pour me soutirer quelque chose. Qu'on me donne caresse parce qu'on a envie de me caresser."

Dix minutes plus tard, je parlais de mon inquiétante impuissance. Je ne comprenais plus rien, jusqu'à ce que mon interlocuteur éclairé me fasse voir, après s'être quelque peu moqué de moi (dans ma perception de mon impuissance), que cette situation, loin d'être alarmante, était au contraire plus que rassurante puisque, pour la première fois de ma vie, je m'étais respecté. Respecté, en refusant radicalement de jouer au pourvoyeur. Respecté en débandant. Ouf! Voilà une tout autre façon de voir les choses, n'est-ce pas?

J'étais fou comme un balai. C'était la révélation de ma vie. J'avais le goût de lui sauter au cou, puis de l'embrasser; alors vous devinez que je ne me suis pas gêné pour lui appliquer un bon coup de pied sur un mollet, puis une bonne grosse claque sur l'épaule...

Tout était pourtant là, mais je n'avais pas établi le lien. J'avais évité de comprendre, car, au fond, je me rappelais parfaitement que le sentiment d'abandon qui m'avait assailli en pleine action surgissait, directement, d'une prise de conscience, brutale et inattendue, de la position physique même que j'occupais par rapport à mon amante.

J'avais répété en tout point mon rôle de donneur, accroupi ou penché vers le receveur allongé sur le dos dans l'abandon le plus total. Si cette interprétation, voulant que mon corps abdique devant cette forme de violence que je lui imposais, était plausible, je m'effrayais à la pensée que toutes ces années passées de virile puissance n'avaient été que de rudes épreuves d'endurance. Ma redoutable impuissance me paraissait risible. Pour la première fois, j'avais été à l'écoute de mon corps. Je considérais cet incident de parcours comme un signe éloquent de "croissance" personnelle. Je jubilais. Je jouissais. Je jouirais enfin.

Il m'aura fallu deux semaines avant de comprendre que, si je m'étais fondamentalement respecté lors de ma première aventure avec Hélène, jamais nous ne serions passés dans ma chambre. Car, si j'avais été le moindrement à l'écoute de ce qui se passait en moi au moment de nos premiers attouchements, j'aurais saisi que la situation, que notre rapport ne commandaient pas précisément l'urgence de nous faire l'amour en passant par la chambre nuptiale. J'aurais compris, dès le départ, que j'aurais à me faire violence si je devais aller plus loin. Et j'aurais du même coup respecté davantage le rythme de ma compagne.

Me respecter pleinement, c'est également te respecter. C'est prendre le temps et permettre que prennent place toutes les conditions favorables à une communication sans parasite entre nous. À partir de cette condition essentielle, décontracté, je deviens disponible à moi-même et je peux commencer à entrer en relation avec toi, indépendamment des rôles édictés. Je peux vaincre mon cancer de pourvoyeur. Je peux devenir. Je peux être, plus qu'exister. Je peux t'écouter et te répondre avec ce que je sens, avec ce que je suis.

Au fond, Hélène, j'avais un immense besoin de me retrouver près de toi, de me coller tout contre toi. J'avais besoin de sentir nos corps heureux l'un contre l'autre. J'avais besoin de te parler avec mon corps. Et je pense que s'il avait parlé par lui-même, il aurait dit simplement: "J'ai le goût de dormir avec toi." Simplement goûter, apprécier le sommeil de nos corps. Peut-être mon appétit sexuel se serait-il plus tard lentement éveillé mais, chose certaine, il n'aurait pas confondu la recherche de l'orgasme avec la plénitude de l'entente de nos corps à travers une expression de tendresse réciproque, du bien-être de notre sensualité, et l'apprivoisement de notre sécurité dont j'avais un réel et immense besoin. Oui, dormir simplement, angéliquement avec toi, comme frère et soeur... laisser naître au cours de la nuit, à la lueur du petit matin, la passion des amants.

Le jour de cette même séance de relation d'aide, j'aurais monopolisé le premier téléphone public pour appeler mon ami François (non, pas celui-là, un autre), le seul homme qui ait osé me faire part de ses impuissances épisodiques et à qui j'aurais annoncé ma bonne nouvelle.

Tout en traversant Montréal du nord au sud, je chantais et je criais ma joie. J'aurais voulu que la ville soit équipée d'un super-réseau de haut-parleurs. Je me serais emparé du micro et j'aurais dit: "Hé les gars, lâchez vos machines, quittez vos volants, laissez tomber vos masques, faut que je vous parle, faut que je nous parle, faut qu'on se parle. Écoutez..." Puis ça aurait fini dans un superparty.

12 décembre: un corps parle, un corps rêve

Je m'accommodais mal de la présence de tous ces personnages légendaires qu'avait fait ressurgir la mort de papa. Toutes ces femmes et tous ces hommes, ayant veillé sur l'innocence de mon enfance, m'imposaient, d'un seul coup, l'usure de leur vie. Chacun avait dû, progressivement, s'adapter à la succession de toutes ces années plus ou moins désirées; mais, pour moi, l'addition de toutes ces décennies me projetait à des siècles de mon enfance. Pour ce dernier hommage, ils étaient venus de Québec, de la Beauce, des États-Unis et des quatre coins de la métropole. Chacun apportait à la fresque de mon histoire des scènes vagues et poussiéreuses.

Ils se faisaient beaux, animés, vivants, niant pour quelques heures les rides, les kilos en trop, la voix trop frêle, la démarche chancelante, le geste incertain, qui avaient cruellement fripé leur jeunesse. Les flots de leurs paroles et les ombres de leurs gestes s'emparaient de la maison dans tous ses recoins, déterrant de nos mémoires la première communion de Sylvie, les fiançailles de Lise, son mariage, celui de Carole et le mien, les grandes fêtes. En somme, les grands événements qui avaient astiqué la fierté de celui qui, par son absence, nous réunissait aujourd'hui; celui-là envers lequel chacun savait comment et combien j'avais développé une haine sans merci.

Chacun, en silence, m'accordait à nouveau son absolution. Chacun, depuis toujours, avait répandu son amour et sa compassion comme un baume sur la plaie douloureuse de ma relation fils-père. Aujourd'hui toutefois, aucun de ces grands sorciers ne savait que notre mal avait été exorcisé, et non par le coût de la mort de ce père, pas plus que par leur pardon miséricordieux consenti malgré ma violation au commandement "Père et mère tu honoreras..." Nul ne savait encore que nous nous étions retrouvés, lui et moi, à l'aube de son agonie. Nous savions, tous les deux, que tout ce passé n'avait été qu'un sale malentendu dont nous avions été les victimes. Mais je pense que j'aurais aimé être heureux avec lui pour une fois, pour la première fois, parmi tous ces parents et amis. Sans doute, certains d'entre eux, à la lumière de leur expérience, avaient pressenti, sans jamais toutefois l'admettre officiellement, la cause de l'inévitable cul-de-sac qui nous concernait l'un l'autre, papa et moi. Reconnaître, à travers les autres, le vrai sens de la vie risque de nous faire prendre conscience de l'absurdité de la nôtre et ce risque est trop grand pour la responsabilité dont nous sommes capables de faire preuve. Mais cette fois, pour une dernière fois, j'aurais aimé qu'ils soient témoins de notre amour père-fils. Cet amour serait demeuré timide, discret, imperceptible, mais non moins vrai. J'aurais aimé...

Cette réflexion me rongeait; mais comme il demeurait impossible de rétablir ce chaînon présent-passé, il ne me restait qu'à me souder davantage au chaînon présent-futur. Et je n'avais plus qu'un seul désir: retrouver Roxanne et Vincent.

Je renfile mon jean. J'enfouis mon chagrin dans mes deux poches. Je baisse la tête pour le dissimuler en saluant la compagnie. Je l'enfonce davantage au fond de ma gorge en embrassant maman; je préférerais pourtant me répandre de tout mon long à ses pieds. Je salue Carole, Sylvie, Lise, puis, dans l'embrasure de la porte de la cuisine, où je prends appui pour libérer mon souffle prisonnier, Jean-Pierre s'empare du pantin que je suis devenu et l'étreint entre ses bras. Mon coeur se ranime au contact du sien. Ma respiration se rétablit au rythme de la sienne. Je me laisse prendre ainsi jusqu'à ce que, réchauffé, je me laisse tomber en chute libre jusqu'au pied de l'escalier. Mon corps glisse contre la rampe de fer jusqu'à l'entrée de ce fameux escalier, dernier témoin des regards, des attouchements et des paroles secrètes échangés entre ceux et celles qui, au cours des dix-huit dernières années, ont eu des rapports avec l'un ou l'autre des membres de notre famille.

Mais cette fois, c'est de mon départ qu'il s'agit. Et je sens que l'on m'a suivi. Que l'on me raccompagne. Je me retourne et je suis subjugué par l'intensité du regard bleu comme un ciel de plein midi qui m'enveloppe et qui m'accompagnera bien au-delà du seuil de cette porte que je m'apprête à franchir. Le langage du coeur exprimé dans ce regard rendait superflue toute parole. Je suis sorti.

J'ai quitté le 2001 Alexandre de Sève comme on s'échappe d'une maison hantée; esseulé, me libérant d'une situation angoissante, ému d'abandonner à nouveau à eux-mêmes tous ces fantômes à aimer et à qui ma jeunesse relative rendait supportable la fadeur de leur éternité. La dernière représentation avait eu lieu. Jamais plus je ne retrouverais ce décor puisque, à deux semaines de là à peine, maman plierait bagage pour des lieux moins spacieux, proportionnels à ses nouveaux besoins de célibataire prise au dépourvu.

J'ai fait démarrer l'auto. J'ai mis en marche les dégivreurs. J'ai attendu patiemment que se dissipe la buée de mes yeux et, au rythme d'un convoi officiel, j'ai dit adieu à mon père. Désormais, rien ne saurait m'écarter du chemin me conduisant vers mes enfants. C'était droit. Devant.

Entre ces deux points de l'autoroute qui me conduisait de Montréal à Sainte-Agathe, s'imposa à moi une forêt d'images alimentée par les événements des quatre dernières semaines. Cette poignée de main qui, pour la première fois, m'a transmis l'écho de sa vie; l'alarme générale qu'elle a déclenchée en moi; la naissance subite et l'explosion de mon amour; ma révolte d'homme face à sa dégénérescence; son intérêt maladroit pour ma thérapie; notre déclaration d'amour, victorieuse de tous les parasites ayant empoisonné notre relation; son hospitalisation: la salle d'urgence, son humour savoureux et inaltérable et, par-dessus tout, le geste de ses mains saisissant ma casquette abandonnée sur son lit et qu'il a tournée et retournée affectueusement entre ses doigts pour mieux en emporter le souvenir. Ce simple geste eut pour moi une signification hautement émouvante. Mon père, dont je ne conservais aucun souvenir d'attendrissement, a caressé de ses deux mains l'un de mes vêtements. Il m'a reconnu un droit à l'existence. Bien plus, il m'a exploré, chéri doucement. J'étais demeuré figé, immobile, l'échine courbée, comme un chien qui s'écrase aux pieds de son maître pour mieux sentir ses mains s'enfoncer dans son pelage. J'ai découvert les larges mains de mon père procédant, en gestes lents et harmonieux, à l'exécution d'un rite sacré. Autant que j'avais pu le faire, je m'étais faufilé à travers les fibres qu'il palpait, afin de mieux recevoir son amour et pour mieux me donner à lui.

Enfin, après l'avoir fait languir pendant trois jours dans les corridors désolants de l'urgence de Notre-Dame, on lui a assigné une chambre. Ce fut, aussi, la visite de l'aumônier, ce marchand de la mort que papa, si seulement il en avait encore eu la capacité, aurait brillamment chassé sous un chapelet de blasphèmes comme lui seul savait en réciter. Une semaine plus tard, ce fut son transfert dans une section réservée aux grands malades. Et nos forces conjuguées lors de ses allées et venues aux toilettes. Sa détermination à fuir de l'hôpital. Ma réponse. Son abdication. Sa sécheresse. Ses confusions. Devant le cercueil, le défilé de tous ces vieux, superbes ou grognons, tels que je les avais rangés dans ma tête, quinze, vingt ou vingt-cinq ans auparavant. Notre séance de rires euphoriques après la première veille au salon funéraire. Les funérailles: maman, jeune veuve digne dont j'admirais la sincérité, les grandes orgues soulevant de terre, une dernière fois, par la musique de Bach, les souvenirs les plus émouvants de ma pieuse enfance. L'adieu macabre. La sympathie partagée au goûter d'adieu, et Jean-Pierre qui vient de me prendre dans ses bras, comme papa caressant ma casquette. Finalement, son perçant regard incrusté dans ma tête, comme les yeux de papa qui avaient tout juste appris à me regarder.

Je suis dans un état troublant de décomposition, secoué par cette foulée d'images, lorsque je me pointe à l'appartement de Diane. Pour soulager mon abattement, elle m'offre de garder les enfants chez elle. Cette proposition me permettrait de profiter de ce congé pour me refaire le moral et le physique.

Décidément, elle pige mal. J'ai un besoin éperdu de les embrasser, de les serrer contre moi, de me coller tout contre eux. J'ai besoin de me sentir vivre par eux. J'ai besoin de me laisser envahir par eux. Les quarante-huit prochaines heures de vie nous appartiennent et personne, encore moins en cette fin de semaine, ne viendra s'interposer entre nous. Il n'y a de place pour personne.

Ce même vendredi soir, je me couche exténué mais l'âme en paix, bercé par le sommeil proche de Roxanne et de Vincent, et par l'agréable souvenir du geste de Jean-Pierre.

Il me semble avoir accompli les activités de cette fin de journée (souper, toilette et opération dodo des enfants) sur l'élan de la chaleur reçue lors de mon étreinte avec Jean-Pierre. Je me rappelle la sensation de bien-être que j'ai éprouvée en m'abandonnant ainsi, et l'incroyable soulagement ressenti dans le fait d'avoir été aussi généreusement reçu. Moi, toujours aussi craintif, distant dans mes rapports physiques avec les hommes, je m'étonne. Je m'attarde à cet incident qui me dérange. J'évalue la nature de mes rapports entretenus avec Jean-Pierre jusqu'à maintenant.

Carole a introduit ce type dans la famille il y a dix ans. Nos échanges avaient toujours été très réservés, voire, en certaines périodes, empreints de viles rivalités viriles. Un rapprochement était toutefois survenu depuis un récent voyage de famille où nous avions eu l'occasion de placoter plus que de coutume. Mais quand même, je m'étonne d'avoir toléré l'étreinte de ce midi et, plus encore, d'y avoir pris plaisir. Je suppute les motifs de ce comportement très inhabituel. Je conclus que les circonstances dictaient un tel geste tout comme elles m'avaient amené à prendre maman par le bras, de la sortie du salon funéraire jusqu'à notre banc d'église; n'avais-je d'ailleurs pas été, là encore, saisi de l'indécence de cette marche nuptiale? — Mais la vie n'est-elle pas aussi truffée de situations pareillement aberrantes? — Enfin, me référant à la hantise de mes phantasmes homosexuels, cause principale de la distorsion dans les rapports homme-homme, je m'assure que Jean-Pierre n'est en aucun cas un sujet dont je puisse me servir comme exutoire. Après avoir ainsi répudié l'hypothèse la plus troublante, je peux à mon tour m'abandonner au sommeil.

Je me glisse entre les draps glacés tandis que me voilà maintenant distrait par la fantaisie peu rassurante d'une présence possible du fantôme de mon père. Je suis d'autant plus confronté à ma peur lorsque je m'apprête à éteindre ma lampe de chevet. Je tente de raisonner cette hallucination en parlant calmement à papa. J'ai tout à gagner! Cet apprivoisement me conduit à conclure que papa, ayant lui-même vécu toute sa vie sous le joug de la peur, ne saurait ainsi s'adonner à se payer ma gueule. Ma frousse désamorcée ou presque, satisfait, rassuré, j'éteins. L'obscurité coutumière se jette sur moi tandis que je ne parviens plus à distinguer le bout de mon nez.

Inutile d'élaborer sur la fréquence des insomnies caractérisant mes nuits depuis ces derniers mois. Cette nuit-ci ne saurait faire exception. Prévoyant une agitation particulière, j'avais ajouté à ma tisane quelques gouttes d'un somnifère naturel. Mais somnifère ou pas, au milieu de la nuit, les pleurs des enfants me tirent, sans trop de peine, de mon repos.

À demi conscient, je ramasse ma robe de chambre et, avec elle, je rendosse mon rôle de père. Je me fraie un chemin dans l'obscurité du passage, espérant, en vain, rejoindre la faible lumière de la veilleuse. Roxanne et Vincent s'encouragent dans leur peur amplifiée par la stéréophonie de leurs appels. Plus aucun interrupteur ne répond à la demande. C'est une autre belle panne de l'*Hydro*. On se console en se collant plus près les uns des autres. Puis, apaisés, parce que réunis dans le même lit, je confie leur sécurité à l'énergie des piles électriques de ma lampe de poche.

De retour dans ma chambre, quoique bien éveillé, je tente de replonger dans ma nuit. Je parviens à regagner la salle de cinéma où m'avait conduit la magie du rêve. Les yeux fermés, je recompose un climat. Vainement, je cherche à reprendre la projection du film auquel j'assistais avant l'entracte imposé par les enfants. Ce festival du film érotique se serait-il terminé sans moi? J'enquête et j'apprends que les agents de la censure ont interdit la poursuite de la projection, et pour cause! Je me souviens.

À mon réveil, il y a quelques instants, je sentais la flaque encore fraîche de mon sperme sur mon ventre et, avant que les pleurs des enfants ne l'emportent sur l'effet de mon somnifère, j'ai assisté à une dernière éjaculation que j'ai pris le temps d'apprécier. J'aime cette sensation d'adolescence, même si ce gaspillage de plaisir non partagé m'attriste plus qu'autre chose. De fil en aiguille émergent les pièces de mon désir de fusion oh combien refoulé! Chers enfants, je vous remercie! Je me rappelle. Je suis allongé sur ce même lit. À ma gauche, également couché sur le dos et nu, Jean-Pierre, qui se retourne vers moi. Il pose son genou gauche sous la base de mon sexe tandis qu'il m'invite à le caresser. Je suis tout d'abord quelque peu paniqué par cette révélation toute crue et je suis d'autant plus confondu lorsque m'effleure mon raisonnement de la veille. Jugement hâtif, mais grand dieu, sécurisant! Je reste songeur, en interrogation, en exclamation! Je... Je... Finalement, j'accepte le jeu de ce phantasme et je ris, regrettant maintenant que la séance d'exorcisme de ce tabou ait été interrompue.

Renaissance d'un être

14 décembre: avec elle

Le surlendemain de l'incinération de papa, abasourdi par la succession des événements et des réflexions qu'ils provoquaient, j'appréhendais de vivre en solitaire jusqu'à Noël. J'aurais aimé compter sur la présence de quelqu'un; quelqu'un auprès de qui j'aurais pu soulager mon coeur enflé d'émotions; quelqu'un auprès de qui j'aurais pu déposer mon coeur éprouvé par trop de solitude accumulée au long de cet épisode plus que tourmenté de ma vie.

Voilà que Marie-France, alertée, de sa lointaine Gaspésie, par mes cinq mois de silence, se pointe à la maison, valise en main, pour le week-end. Cette visite impromptue ne peut tomber mieux. Notre amitié nous fait nous jeter dans les bras l'un de l'autre et je commence aussitôt le récit de mes dernières semaines trop agitées: mon brouillard, mon premier martyre thérapeutique, ma solitude affolante, ma nuit avec Hélène, la révélation que j'en retire, la mort de papa et cette nuit encore où il me semble avoir retrouvé mon père en faisant l'amour avec Jean-Pierre. Les grands titres énoncés, il me semble que nous n'aurons pas assez de l'éternité pour décanter cette cargaison de vie.

Un deuxième apéro stimule mes propos, déjà colorés par la flamme du foyer. Je confie à Marie-France la contradiction qui m'habite. Mon conflit de pourvoyeur. Mon besoin impérieux d'intimité avec quelqu'un et ma hantise, à la fois, de prendre et de me voir confier la bonne marche des travaux qu'exige l'entre-prise d'un tel rapport. Bien entendu, jamais je ne fais allusion à la situation présente entre elle et moi. Je ne saurais d'ailleurs dire si j'agis ainsi par pure stratégie ou par manque de contact avec la réalité.

Nous passons à la cuisine préparer la bouffe, et nos mains, manipulant légumes, viandes, pâtes et pain, anti-cipent déjà le contact de nos corps. À table, nos intentions devenues suffisamment univoques, je me branche sur la réalité et je joue cartes sur table. Ainsi, j'affirme à Marie-France que je ne veux à aucun prix être le geôlier du dénouement de nos rapports. Que, s'il doit y avoir un animateur de jeu, je lui cède la place sur-le-champ. Que si, en d'autres mots, nous nous faisons l'amour, c'est qu'elle-même saura exprimer clairement son désir. C'est qu'elle saura prendre son plaisir et le donner également.

Il y a douze ans que nous taisons nos désirs réci-proques. Douze années de convoitise emprisonnée dans l'autoclave de notre éducation puritaine et janséniste. Et malgré l'omniprésence de nos consentements à la ten-tation, qui invite d'autant plus ma virilomanie à se faire valoir dans un succès de séduction assuré d'avance, je choisis, cette fois, d'écouter mon humain. Soulagé de la preuve à faire, attentif à mon plaisir et à celui de l'autre, plus que responsable du plaisir de l'autre, c'est le plus beau feu d'artifice. Une orgie de sensations nou-velles.

Le lundi matin, le réveil sonne. Dernières caresses. Je m'assois sur le bord du lit, je ramasse mes lunettes. Marie-France me glisse: "C'est bête, mais moi, c'est précisément le lundi matin que j'ai le plus besoin d'un pourvoyeur..." On rit comme des fous. On s'enlace comme des amants de cinéma et on se fait l'amour comme des dieux. Je serai quelque peu en retard au bureau, mais oh combien plus efficace!

1er janvier: avec lui

Trois semaines plus tard, c'est le jour de l'An. Toute la famille, du moins ce qui en reste — Carole et Jean-Pierre, seul couple intact, maman veuve, Lise divorcée, moi séparé, Sylvie momentanément mère célibataire — est réunie chez moi et procède à l'échange traditionnel de cadeaux. Je reçois de Jean-Pierre, qui avait pigé mon nom, la publication la plus récente du mois: *La famille et l'homme à délivrer du pouvoir*. Je déballe avec empressement ce bouquin croyant alors pouvoir enfin y découvrir l'expérience de vie d'un autre homme. Je suis ravi. Jean-Pierre croit, de son côté, avoir trouvé là remède à mon rhume existentiel. Spontanément, on s'embrasse comme toutes les femmes l'auraient fait naturellement, contentes de se faire plaisir. Mais attention! c'est la première fois. Aussitôt, l'histoire offensée prend la parole par la bouche de maman: "Ben, c'est pire! On aura tout vu! Deux hommes qui s'embrassent!" Et l'évolution révoltée, blessée dans son mal de vivre, de rétorquer: "Ben oui m'man! Êtes-vous jalouse?" Et la vie continue.

Cette fin d'après-midi nous conduit dehors, où chacun se maquille les joues à grands traits de froid. Les cris, les culbutes et les folies descendent et remontent sur la glissoire des voisins. De dix-huit mois à cinquante-sept ans, nous jouons, sans âge, comme des enfants.

Affamé, le bonheur s'attablera ensuite pour se nourrir autant des légumes, viandes, fromages, desserts, boissons, que des mots, des rires et anecdotes notoires de notre vie de famille qui, maintenant, tourbillonnent sans arrêt autour de la table. Les enfants maintiendront la cadence de cette étourdissante valse par le rythme de leurs cris, de leurs courses, de leurs petits dégâts, de leurs pleurs et de leurs sempiternels "encore". S'enchaîneront les bains collectifs, les histoires pour se calmer et les caresses pour s'aimer une dernière fois avant de s'endormir.

Les adultes desserviront la table au son des ustensiles que n'accompagneront plus que des solos de bâillements. Chacun défilera devant le foyer, digestif en main, avant de regagner l'étage des dortoirs improvisés où roupillent déjà les cinq petits corps de la troisième génération. "Mon bon Jésus, vous qui m'avez fait la grâce de passer une bonne journée, faites-moi la grâce de passer une bonne nuit!"

Nous nous retrouvons, les deux mâles, gardiens des étoiles, veillant autour du feu à ce qu'aucune bête féroce, aucun ennemi, ne vienne troubler le sommeil de nos protégés retirés au fond de la caverne. Nous sommes accroupis devant l'âtre immense, digne représentation des fourneaux de l'enfer. Je remercie à nouveau Jean-Pierre de la sympathie qu'il m'a témoignée en m'offrant ce cadeau. Il connaît la souffrance de ma solitude et plutôt que de fuir, comme tous les autres, il demeure attentif à ma situation en me signifiant par ce livre qu'il consent même à me supporter, à m'aider. C'est rare que l'on ose remercier un homme pour la délicate attention qu'il a eue à notre égard. Et j'y parviens difficilement, enfargé dans une certaine pudeur; mais j'en éprouve en même temps un si grand bien!

Nous buvons à notre amitié. Le feu dégage une chaleur insupportable. Nous nous en éloignons légèrement. Jean-Pierre, de loin l'être le moins prude que je connaisse, retire tout bonnement sa robe de chambre. Sylvie descend nous rejoindre évoquant sa difficulté à s'endormir. Puis tour à tour, maman, Lise, Carole viendront au mitan de l'escalier nous poser une question, nous faire part d'une dernière remarque, comme je croyais les enfants seuls capables de le faire, espérant repousser de trois ou quatre minutes l'échéance ultime du bonne nuit définitif. Femmes, mère ou soeurs, connaîtriez-vous mieux que nous-mêmes l'issue de notre veille? Si vous qualifiez déjà de démons ces deux Jean-Pierre à la découverte de la vie, c'est que vous êtes bel et bien de vraies sorcières! Sylvie, après s'être imposée peu de temps à nous, se résout finalement à regagner la nef elle aussi. À nouveau entre veilleurs de nuit, Jean-Pierre, à qui j'avais confié le tout premier brouillon du début de ce texte, me fait part de l'émotion qui l'a littéralement envahi à la lecture du passage où il est question de papa. Et c'est ainsi que papa revient se joindre à nous.

Nous parlons de nos rapports avec lui, de la connivence particulière entre Jean-Pierre et lui. Jean-Pierre avait accepté de contracter avec papa cette obscure entente tacite très courante entre hommes. Une espèce de pacte fantôme préservé par le sceau du silence. Faut dire qu'ils avaient quelques points en commun. Ils aimaient tous les deux le hockey, le base-ball et le billard où Jean-Pierre acceptait volontiers de se mesurer à mon père. Ils s'affrontaient, amicalement, en bavardant de matchs, de formation d'équipe, de stratégies et bien sûr en commentant la dernière joute du sport de la saison télédiffusée la veille. Quant à moi, les Expos pouvaient bien jouer à l'île Sainte-Hélène, sur le

Mont-Royal ou sur une plate-forme spécialement aménagée pour eux sur les eaux du Saint-Laurent, je n'en avais rien à foutre.

Mon père ne m'avait jamais adressé un seul bonjour; je ne lui en avais guère plus adressé; nous étions quittes. Notre seul dialogue, en vingt ans, avait été plutôt houleux. C'était au jour de l'An 1973.

J'avais alors reçu la recommandation de rester tranquillement chez moi à cette occasion tandis que Jean-Pierre, malgré son ruban de jeune freak sur le front et ses cheveux aux épaules, avait poliment été accueilli dans les appartements mêmes de mon père qui daignait par surcroît lui souhaiter la bonne année. Pendant ce temps et pour le bien-être de tous, c'est-à-dire de mon père, moi, il valait mieux, semble-t-il, que je demeure caché. Mes cheveux couvrant à peine le lobe de mes oreilles, ma barbe, mes pantalons sans pli et ma chemise sans cravate auraient suscité une émotion trop vive chez le malheureux patriarche. Je passai outre la recommandation. Je n'aurais pas dû insister. Le christ de chien sale que j'étais s'était fait bruyamment expulser et s'était vu retirer tout droit de visite ultérieur. Je haïssais mon père et j'apprenais à détester Jean-Pierre. Il savait, lui, apprécier mon père et être aimé de lui. Moi pas.

Après quatre ans de rupture, Jean-Pierre, médiateur chevronné, facilita la reprise de contact entre mon père et moi lorsque nous nous retrouvâmes en un même lieu au réveillon du jour de l'an de 1977, chez des parents (qui dira qu'il n'y a rien de plus moche que le temps des fêtes en famille!).

Roxanne a deux ans, papa ne l'a jamais vue. Au douzième coup de l'horloge, les gens se souhaitent, comme il se doit, les voeux de circonstance. Je m'empare de Roxanne pour ne pas avoir à me retrouver seul en face de mon père que j'ai, jusqu'ici, réussi à éviter.

Mais allez donc! Voilà que la collision redoutée se produit. Papa souhaite alors la bonne année à Roxanne qui refuse de l'embrasser. Je bombe le torse, le fils est vengé. Mais j'éprouve aussi de la pitié pour ce grand-père affaibli. Plus ou moins froidement, nous nous adressons une bonne année.

De ce père pour l'un et beau-père pour l'autre, que nous avons connu et que j'ai trop souvent maudit, nous nous remémorons le dernier été. Il y avait longtemps que je tenais à communiquer à Jean-Pierre la compassion que j'avais éprouvée à l'endroit de mon père lors de la petite fête organisée à l'occasion du trente-cinquième anniversaire de mariage de mes parents. Nous avions pique-niqué dans la cour, ici même, après quoi toutes les femmes, expression rarissime dans ma bouche, étaient allées visiter le nouvel appartement de Diane au village. Papa devait en profiter pour faire sa sieste tandis que nous, les deux pères Jean-Pierre, irions en face, au petit lac, avec les enfants.

Nous y voilà. Simon et Roxanne pataugent dans une petite mare. Je marche tranquillement avec Vincent. Tu fais de même dans une autre direction avec Mathieu. Le soleil réapparaît après une ondée indésirable qui a précipitamment mis un terme à notre dîner champêtre. Le lac est désert. J'entends au loin la porte de la maison se refermer. Je me retourne. Papa est là, debout sur la galerie, mains sur les hanches, à nous regarder. Je suis étonné: primo, il dérogerait à son train-train quotidien en ne faisant pas sa sieste rituelle, secundo, il porterait délibérément son attention vers nous? Étrange. Il n'y a pas de doute, il nous observe. Ne pas le connaître, je m'attendrais à ce qu'il m'interpelle. Mystère. Je ne suis pas au comble de mon étonnement car, une dizaine de minutes plus tard, je le vois apparaître sur la plage et se diriger droit vers nous. Jamais je n'ai vu mon père dans un cadre naturel, dans un contexte autre que celui de l'épicerie, de l'asphalte de la rue Ontario ou trônant dans son maudit *lazy boy*. Voilà que mon père, en camisole, mais précieusement chaussé, marche sur la plage. À mes yeux, il marcherait sur les eaux que le miracle ne serait pas plus grand. Il foule le sable, matière souple, mouvante, sensuelle. Mon père vient vers nous, pères en présence d'enfants. En pareille circonstance, ce n'est sûrement pas pour parler de base-ball, bière ou cigare. Je suis témoin d'une véritable apparition. Mon père, ce char d'assaut de la guerre de 39, peut aussi figurer harmonieusement dans un environnement propice au plaisir de vivre? Et plus il s'approche de l'eau, plus il me paraît vivant, vibrant, beau. Jean-Pierre plonge dans l'eau. Papa comprend tout de suite que j'aimerais m'y dégourdir tout autant. Comme si cette scène nous était coutumière, il me dit simplement: "Vas-y, je vais surveiller Vincent." Hostie! La belle affaire! Vincent, selon sa bonne habitude, se colle à mes jambes comme une sangsue. Beau dilemme! Si je vais à l'eau, ce sera la panique. Advienne qu'il ne panique pas mais que ses dix-huit mois, enjoués et inaccoutumés à cette petite nappe d'eau, lui en fassent connaître le fond plus vite qu'il ne l'aurait cru, le temps que papa quitte son garde-à-vous et qu'il lui vienne en aide, le fiston aura déjà quelques bonnes gorgées dans le gosier. Je suis coincé.

Pour la première fois, mon père s'adresse à moi avec le naturel le plus déconcertant. Pour la première fois, il m'offre sa paternité. Et me voilà embêté de choisir. Merde! les choses devraient se présenter autrement. Je sens le moment important. Je suis ridicule. Je lui dis, à regret, que je préfère rester avec Vincent que de le voir paniquer. Remerde! Papa sait que je mens. Il sait que je ne lui fais pas confiance. Bout de Christ! Calvaire! comme il aurait si bien dit.

Il passe derrière moi, se retire un peu plus loin, puis s'arrête. À ma grande surprise, je le vois qui se penche pour s'étendre sur le sable. Il s'installe légèrement sur le côté, appuyé sur son avant-bras. Il vient résolument se joindre à nous. Il a envie d'être avec nous. Il a choisi notre présence. Nous sommes trois hommes, quatre enfants. Peut-être cinq enfants et trois hommes, car j'accepte, en cet instant, d'être le fils de cet homme.

Jean-Pierre sort de l'eau et je voudrais lui parler à l'insu de papa. J'aurais envie de le consulter. Qu'est-ce qu'on fait? J'ai l'impression de sentir mon père pour la première fois. Il me semble qu'il y a quelque chose à dire, à faire, mais je ne suis pas sûr de ce qu'il faille dire ou faire. Je regarde vers papa. Il fait des ronds dans le sable avec le bout de ses doigts, comme l'adolescent assis sur la grève interrogeant la mère; comme Vincent auprès de qui je feins le tout-est-sous-contrôle en faisant des pâtés avec lui. J'ai envie de parler à mon père. Et je pense qu'il a quelque chose à dire. Je voudrais savoir à quoi il pense à cet instant, en ce moment. Mais je n'ai pas l'expérience des discours intérieurs; du moins, je comprends mal les messages implicites, les impressions, les intuitions. Faute d'expérience, j'ignore le sens de ce genre de messages. Et pourtant je suis convaincu du caractère premier de notre situation. Je me lève. Papa est complètement allongé, comme pour dormir. Il a compris. Il a abdiqué. Il est mort. Je vais marcher de mon côté. Jean-Pierre va du sien. Le mystère se perpétue. C'est le silence. Je suis soulagé.

Je me déplace vers le feu pour attiser les flammes. J'ajoute une ou deux bûches. Je reviens près de Jean-Pierre qui me confie avoir vécu cet après-midi-là de la même façon que moi. Lui aussi a éprouvé le caractère unique et grave de cette situation: la solitude de papa et son appel camouflé laissé pour compte malgré nos désirs de lui répondre. Nous nous sentons fautifs, coupables de silence, mais à la fois soulagés et intimement solidaires du fait de nous communiquer, comme nous venons de le faire, les liens qui nous rattachaient à papa. Nous sommes heureux de mettre ainsi en commun ce que nos antennes avaient perçu. Heureux de nous faire part de nos impressions. Heureux de nous permettre d'échanger à partir de sentiments, d'émotions. Heureux d'essayer de ne pas nous mentir à notre tour. Heureux de respecter la vie en nous. Heureux de la laisser s'exprimer. "Parlant de menteries, Jean-Pierre, j'ai quelque chose à te confier, à te conter. C'est pas facile par exemple, mais je veux te le dire..." Alors, peu sûr de moi, je lui livre ce que j'ai éprouvé lors de notre étreinte consolatrice, à l'enterrement de papa. J'ose même évoquer la révélation de mon rêve érotique avec lui.

Notre complicité du moment facilite cet aveu. Mais notre proximité physique, la nudité de Jean-Pierre, la mienne plus réservée, conforme à ma pudeur, et ce climat de sensualité rendent encore plus compromettante ma vérité. Toujours assis sur le tapis, nous nous faisons face. Nous nous parlons, nous nous regardons. Nous apprenons à nous parler d'homme à homme, en pleine face, en plein coeur, en plein corps. Les yeux perçants de Jean-Pierre exercent sur moi leur pouvoir d'hypnose exactement comme à mon départ de la maison le jour de l'incinération. La pureté de son regard se mêle à celle de mes propos. Et je me laisserais flotter à la surface limpide de ce miroir de vérité sur lequel nous nous retrouvons, légers de franchise. Malgré tout, craignant la dérive, je me demande encore si je dois avoir honte de me laisser aller à ce désir que j'ai maintenant de le toucher. Toucher ses pieds qui emprisonnent les miens. Toucher ses chevilles comme mes mains l'espèrent. Je fuis son regard, que je ne réussis plus à soutenir, en tournant la tête vers la flamme à qui je m'adresse plus librement. Puis, je finis par finir. Ouf!

La terre a ralenti son rythme de rotation. Je l'avais pressenti, maintenant, ça y est, il n'y a plus de doute. Je n'appartiens déjà plus à ce qu'on a fait de moi. Et, au cours de cet indéfinissable silence, je commence à renaître. Jean-Pierre me ramène à la vie d'ici, en prenant la parole: "Moi aussi j'ai déjà fait des rêves érotiques avec d'autres hommes. Moi aussi j'ai eu des phantasmes sexuels avec toi, puis ce n'était pas seulement des rêves..." Je ne sais plus lequel des deux est le plus fou. De toutes façons quelle importance. La planète a décidément cessé de tourner. Nous accédons à un monde où l'indicible est nommable, l'interdit, permis. Je peux à nouveau tenter de fixer Jean-Pierre entre quat'z'yeux; mais je n'y arrive plus tant sa beauté m'éblouit. L'irréalité est intemporelle. Et je ne saurais évaluer la durée de mon extase. Dans cet état de transport, je dis... je dis...: "Jean-Pierre, ce qu'on se dit là c'est épouvantable, c'est effrayant. Te rends-tu compte? Te rends-tu compte qu'on est en train de se dire des vérités qu'on n'a pas le droit de se dire? Qu'on est à deux pas de rejeter une culture par-dessus bord?" Puis, voilà que je me sens mourir et renaître à une vitesse folle. Mourir, renaître, mourir, renaître, mourir, renaître... jusqu'à ce que vie s'ensuive.

Confus, je me retrouve avec une solide érection qui, heureusement, n'a quand même pas le culot de se pointer à l'extérieur de ma robe de chambre. Jean-Pierre ajoute: "Au moment présent, j'éprouve encore ce désir; je ne sais pas comment ça peut se réaliser; mais j'ai la ferme intention de ne pas passer à côté, parce que face à toi, avec toi, je ne redoute nullement l'exclusion dont tu parles et qui, je l'avoue, nous terrifie. Avec toi, je ne me sens pas diminué dans ma virilité: je me sens un homme face à un autre homme et c'est comme ça que j'ai envie de le vivre." Jean-Pierre pose ses mains sur mes chevilles et moi sur les siennes. Quelqu'un survient en haut de l'escalier. Pourquoi?

Mes enfants dorment au-dessus de ma tête. Ma mère et mes trois sœurs sommeillent pareillement. Le mari de ma sœur se trouve nu devant moi et nous nous déclarons mutuellement notre folle envie de nous retrouver dans les bras l'un de l'autre. La situation ne pourrait être plus amorale. Je culpabilise face à ma sœur Carole que j'affectionne particulièrement. Mais je suis prêt à foutre tout par-dessus bord et à faire l'amour ici même avec Jean-Pierre devant le feu, dans ce salon ouvert aux yeux de tout ce monde, aux yeux de la planète. Je confie à Jean-Pierre que je ne comprends plus rien à rien: mais de toute façon, que l'entendement se retire et fasse place à la vie. Et c'est ainsi que je m'élance à la redécouverte de mon corps, à la redécouverte de moi-même.

Alors, nous nous jetons dans les bras l'un de l'autre. Nous nous embrassons à pleine bouche et nous roulons, enlacés l'un à l'autre comme des gamins de dix ans qui se battent pour se sentir, se battent pour s'aimer, se battent et se bousculent en haut du talus pour justifier la chute qui les entraînera comme un seul rouleau jusqu'en bas de la côte.

J'avais huit ans, j'avais dix ans, oui, j'avais douze ans, quatorze ans, tous ces âges à la fois. Et sur ce tapis devenu pelouse, renouant avec la pureté de mon enfance, je me roulais avec moi-même comme j'en rêvais depuis vingt ans.

Au cours de cette nuit comme des suivantes, j'ai appris à aimer mon corps d'homme et à le respecter. Ce corps d'homme sensible, multiforme, impétueux et souple, fort et tendre, c'est le mien. Je suis beau, je suis bon, je donne et je reçois. Je connaissais mieux le corps féminin que le mien. J'ai redécouvert mon corps à trente et un ans. J'ai découvert la face cachée de la lune. La moitié de l'humanité, la mienne.

J'aime vieillir.

2 janvier: qui suis-je?

Deux pas en avant, un pas en arrière. Si hier a donné lieu à l'accomplissement d'un pas de géant, aujourd'hui n'éveille pas moins certains remous intérieurs. Je suis tout d'abord assailli par un profond sentiment de culpabilité envers Carole. Culpabilité d'autant plus grande qu'elle s'était occupée, seule, de ses deux mousses pleurnichant, chignant en pleine nuit tandis que, retirés au sous-sol, nous faisions, les Jean-Pierre, des pieds-de-nez à une certaine culture. À présent, je ne peux exclure bien longtemps Carole de cette nouvelle permissivité. Je demeure troublé bien qu'au niveau de ma tête, mon mal soit pour ainsi dire dissipé.

Intellectuellement, je me réconcilie avec moi-même en échafaudant, comme il me plaît tant de le faire, ma petite théorie sur "l'entente" sexuelle d'un couple.

À l'intérieur d'un couple, l'exercice de la liberté sexuelle de l'un des conjoints rappelle à l'autre sa responsabilité dans l'exercice de sa propre liberté sexuelle. Denis et Claire vivent une relation exclusive. Denis couche avec X. Évidemment, Claire ne peut que se sentir menacée par cette rivalité qui pourrait éventuellement lui ravir Denis. Mais ce qu'on oublie très souvent, c'est que cette permissivité de Denis renvoie Claire à sa responsabilité toute personnelle de répondre à ses désirs sexuels éprouvés en dehors d'une relation jusqu'ici exclusive. Que Denis vive une relation sexuelle avec quelqu'un qui n'est pas du sexe opposé et qu'il pousse l'immoralité à chanter "qu'on est bien dans les bras d'une personne du sexe que l'on a...", ne peut être reçu par Claire qu'avec affolement. Premièrement, si le partenaire avec qui Claire vivait une entente hétérosexuelle parfaite se dit heureux de découvrir aujourd'hui une expérience homosexuelle, peut-être Claire n'a-t-elle jamais représenté pour Denis l'image idéale du sexe opposé? Ce qui signifierait que l'harmonie de leur relation reposait sur une base hétérosexuelle douteuse? C'est un dur coup pour son image personnelle. N'est-elle donc pas elle-même une vraie femme? Deuxièmement, l'expérience homosexuelle heureuse de Denis confronte Claire à son propre refoulement homosexuel et c'est ici que l'incertitude devient la plus terrifiante. Mon chum ou ma chum me remet en pleine face ma responsabilité quant à la libre expression de ma sexualité dans toutes ses dimensions. Y a de quoi déstructurer n'importe qui. Ça fait dix ans, vingt ans, trente ans qu'on m'interdit d'éprouver le moindre désir sexuel envers un "représentant de mon sexe". Aujourd'hui, un mari dit à sa femme (ou vice versa): "C'est possible, je viens de le vivre, et si tu savais quel bien-être j'ai ressenti!"

C'est à peu près le discours que j'ai tenu à Jean-Pierre, afin de soulager ma culpabilité, et que je comptais maintenant tenir à Carole, dont je recherchais la compréhension, l'amour, l'approbation.

Au lendemain d'une seconde brève récréation, Jean-Pierre vient me déposer au terminus. Nous sommes sur le pont Jacques-Cartier lorsqu'il répond à ma culpabilité persistante en disant: "Carole est au courant. On en a bavardé. Elle avait déjà tout pressenti. Elle est contente pour nous." Je suis complètement fou, hystérique. Je crie, je chante, je loue notre folie. Je n'arrive pas à faire le rapport entre l'éclatant dynamisme de vie qui nous anime tous les trois et notre aliénante situation de citadins, à Jean-Pierre et à moi, prisonniers dans cette jungle d'automobilistes de lundi matin. J'ai l'impression d'avancer à grands pas d'intégrité à travers l'humanité souvent trop fourbe pour qu'on puisse l'apprécier. Nos sexes ne sont plus une frontière. Nous sommes des humains partageant la même galère sans trop connaître notre destinée. On arrive au terminus d'où je dois me diriger vers Québec. Deux humains s'embrassent en se souhaitant "bonne journée"! Je quitte la voiture. Je me présente au guichet. Je n'ai plus de destination. La plénitude de mon bonheur me donne des ailes; l'univers m'appartient. Je regarde tous ces hommes et toutes ces femmes qui désormais me sont accessibles. Je me sens riche d'amour, riche de leur amour. J'ai une folle envie d'appeler Carole et de lui dire combien je l'aime, combien je nous aime. Dommage que je ne l'aie pas fait sur l'envolée de cette belle émotion. Je me reprendrai deux mois plus tard.

Le temps que l'on prend pour dire je t'aime est celui qui reste au bout de nos vies.

Gilles Vignault

Assis dans l'autobus pour trois heures de route, je pense. J'ai besoin d'aimer et j'ai besoin d'être aimé. Et du plus profond de moi-même je crois avoir toujours refusé cette dualité entre corps désirable (corps féminin) et corps indésirable (corps masculin). Quand j'étais haut comme trois pommes, certains de mes oncles avaient l'habitude de passer à côté de moi en m'enfonçant la main dans les cheveux pour me dire bonjour. Il y en avait que j'attendais, pressé de sentir leurs doigts chatouiller mon cuir chevelu. Pour les autres, je les évitais. Ils finissaient toujours par m'attraper mais moi, j'aurais voulu leur mordre les doigts, en leur criant: "Je ne suis pas ton caniche." Je me souviens aussi que je courais vers la chaise de ma tante Mado dès qu'elle quittait la cuisine. Je saisissais le siège de mes deux mains et je respirais à plein l'odeur encore toute chaude de son derrière, imprégnée dans la cuirette grise. J'aurais préféré bien sûr sentir son gros derrière avec tout mon corps; mais à l'époque, j'avais encore de la morale...

Plus vieux, je me réjouissais que, à cause de mes dix ans, on ne m'obligeât plus à embrasser la nouvelle tante au rouge à lèvres de Crayola fondu qui me faisait lever le coeur. Et si on m'avait encore laissé choisir, j'aurais parfois sauté au cou de mon oncle Henri pour l'embrasser et je n'aurais que serré timidement la main de sa femme. Comme j'aurais aussi préféré tantôt enfiler mon maillot de bain en compagnie de ma tante Gilberte plutôt qu'aux côtés de mon oncle Henri.

Et il aurait été tellement plus simple de me masturber franchement avec mon cousin Philippe, plutôt que de passer des nuits à tournailler chacun de son bord, en faisant semblant de dormir: feindre le sommeil profond pour mieux se laisser toucher; feindre le sommeil agité pour mieux me blottir contre son corps. Puis d'embrasser ma, que dire, mes cousines à pleine bouche, plutôt que de jouer à la franche camaraderie entre guide et scout. Christianisme pervers, pourquoi refuser la beauté du monde. Tu as fait des adultes, autant des hommes que des femmes, peut-être même plus de ces premiers, des violeurs d'innocence. Ta muselière a censuré les mots d'amour mais elle n'a pu supprimer les regards licencieux, les appels à la débauche émis par l'inconscient de mes éducateurs frustrés. Que me fallait-il comprendre? Vicieux! Votre ton autoritaire et vos paroles punitives mentaient mal quand vos yeux brûlaient d'envie, de jalousie. Quel merdier! Plus je vieillis et plus je redoute d'en arriver à adopter les mêmes comportements. Et serais-je plus enclin à la dépravation, plus sujet à développer un esprit impur du fait que je suis un homme? En ce sens, j'ai déjà appris une première chose avec Jean-Pierre.

Chez la femme, le toucher n'a pas pour unique connotation la sexualité. La distribution sexiste des rôles et des fonctions a évidemment contribué à développer chez la femme une conception plus globale du corps. Le corps est vu comme langage: maladie, tension, repos, tristesse; un corps amusant, amusé, heureux. Un corps muni de sens, de besoins, de fonctions. Un corps blessé, saignant, souffrant, pleurant, dansant, chantant, etc. À l'homme, on a appris à cacher son corps: il est laid et il effraie. Je ne prendrai pas un à un tous les points de notre éducation qui ont fait de nous des corps fermés, cela deviendrait redondant. Je dirai simplement que l'on doit reconnaître comme inévitable que le fait que l'homme soit tenu à l'écart de son corps et des autres corps ait d'importantes conséquences. Aussi anormal que cela soit, est-il devenu normal que, pour l'homme, tout contact physique implique la dimension sexuelle, seule fonction qui lui soit reconnue, mise à part son exploitation au travail qui justifie son existence. D'où l'impossibilité pour un homme de toucher un autre homme. D'où le malaise de contact avec ses enfants. D'où l'obligation de faire l'amour avec celle qu'il vient d'embrasser. Je suis convaincu que tous les hommes n'ont pas un besoin vital de baiser avec celle qu'ils viennent d'embrasser. Je suis convaincu que tous les hommes ont un besoin vital d'embrasser leurs chums de gars. Je suis convaincu que si les hommes choisissaient de vivre, la peur de s'embrasser entre nous disparaîtrait car on sentirait qu'on n'est pas obligé d'aller se faire l'amour pas plus qu'avec la femme qu'on vient d'embrasser, finalement.

Ah! et puis, peut-être au fond ne suis-je moi-même que l'un de ces homosexuels de naissance qui s'ignorent. Plus ou moins bien remis du coup de ma culpabilité, voilà désormais l'idée qui m'obsède.

J'adhère sans détour à ma thèse sur la libération de la sexualité de chacun, sur l'ouverture et la richesse qui en découlent, sur la normalité toute pure de celle-ci. Mais il n'y a pas plus menteur que soi par rapport à soi. Alors, ne suis-je pas en train de me bourrer une pipe, de me leurrer, de justifier, d'encenser ma déviation? C'est l'inconfort du doute qui s'installe.

Tu sais, Harel, que ton profil en dit long: élevé avec trois filles et une mère contre laquelle tu ne t'es jamais rebellé; un père dont on sait combien tu as senti le rejet et envers lequel tu as entretenu une haine mortelle. C'est lourd comme portrait. À part ça, n'as-tu pas confessé avoir toujours préféré la sensibilité des arts au détriment de la virilité des sports? Tu nous avais caché aussi que ton ami Michel et que ta soeur Lise t'avaient traité de tapette à douze ans? Ça commence à prendre de la couleur. Puis ta gang, à treize-quatorze ans, ça rimait à quoi au juste cette obligation d'être toujours entre gars, puis de manigancer dieu sait quoi dans ce que vous appeliez votre local? Puis avoue qu'un dénommé André avait réussi à te bouleverser un-peu-beaucoup-merci lors de votre activité de prise de contact non verbale, en pleine obscurité, au cours de votre formation en animation de groupe? Oui, tu avais été marié pendant dix ans et étais père de deux enfants; mais reconnais encore que l'on dissimule bien des choses sous le couvert du mariage. Puis regarde-toi l'air: 1 m 68 ? 58 kilos? On va jusqu'à te citer en exemple en pleine réunion quand on s'oppose, au nom du physique, à l'inscription d'une fille en mécanique automobile à l'école polyvalente! Ton dossier s'étoffe, tu trouves pas? Puis si tu oses dire qu'à dix-huit ans tu ne pelotais toujours pas les filles, on ne peut pas dire que tu sois, depuis, devenu un dragueur de premier ordre. Quatre mois avant de refaire l'amour avec une femme après ta séparation? J'en connais une jolie gang qui n'aurait pas patienté tout ce temps-là. D'autant plus, encore là, que la partouze en question n'avait pas été un gros succès, hein? T'sais les bars, c'est pas fait pour les culs-de-jatte! J'additionne les données et j'ai presque envie de te demander la vraie raison qui fait que ta femme pis toi... t'sais veux dire?

Québec. Terminus. Oh! là, là! Les temps sont durs!!! Qu'il est difficile de s'aimer, qu'il est difficile...

Moi je ne sais plus. Peut-être ne sommes-nous que la réplique de la société, pas vrai? Et la société ou moi, quelle différence? Par les temps qui courent, ni elle ni moi ne parvenons à identifier nos véritables besoins. Il devenait urgent que je vérifie où j'en étais, et, plus particulièrement, que je clarifie spécialement qui j'étais sexuellement. Où était mon plaisir?

Avant de m'en remettre aux tribunaux, avant de soumettre à nouveau mon cas à quelque spécialiste, j'ai attendu. J'ai attendu et j'ai bien fait. Et j'ai su, par moi-même, et mieux que jamais, que les yeux qui ont la tendresse du monde n'ont pas de sexe. Que les bouches, les mains, les corps passionnés n'ont pas de sexe. Le plaisir que je donne et celui que je reçois n'ont pas de sexe. La douceur de la peau, la chaleur de l'haleine, l'extase de l'orgasme n'ont pas de sexe. La détente du plaisir, la mystique de l'intimité n'ont pas de sexe. J'ai à nouveau aimé Maryse, Élyse, Marie-France, Jean-Pierre... et il était toujours aussi bon de s'aimer avant d'aller se faire l'amour.

Tour à tour, je me suis ennuyé de la chaleur coussinée de tes seins; je me suis ennuyé de la musculature et de la cambrure de ton dos; je me suis ennuyé de ton ventre creux où mon nez et ma bouche inventent des berceuses tendres; je me suis ennuyé de tes cuisses fortes au poil si doux; je me suis ennuyé de tes bras, de tes poignets, de tes doigts frêles comme filigranes d'or; je me suis ennuyé de ton sexe fier comme fontaine propulsant son jet; je me suis ennuyé de ton asile humide accueillant l'explosion de ma folie se mêlant à la tienne.

Et j'ai appris, peu à peu, à considérer mes gestes d'apprivoisement indépendamment les uns des autres: à sourire, à embrasser, à toucher sans m'engager obligatoirement dans le défilé des clichés conduisant à l'acte physique. J'ai appris tranquillement à embrasser Danièle pour le simple plaisir, pour le simple besoin de manifester notre connivence. J'ai appris à réconforter Michel en l'enveloppant de mes bras, à le rassurer en le serrant contre moi, tout en demeurant dégagé, calme, sans que ma transpiration et que mon taux d'adrénaline ne soient eux-mêmes perturbés par mes bébittes homosexuelles. J'ai appris qu'après s'être fait l'amour, deux hommes peuvent tout autant qu'un homme avec une femme, têtes reposant sur le même oreiller, s'épancher l'un et l'autre dans un climat de confiance peu habituel. J'ai appris à embrasser Marcelle, à échanger nos caresses puis à nous dire bonsoir; à nous quitter sans embarras, sans la culpabilité du devoir non accompli ou du malaise de la preuve à faire manquée.

J'ai aussi appris que ces deux corps, fleurons du genre humain, différemment constitués, traînent nécessairement, chacun avec lui, une kyrielle d'impressions, de sensations, d'attitudes qui leur sont spécifiques. Comment la femme, généralement plus menue que son partenaire, peut-elle ne pas apprécier la sécurité que dégagent la force de la musculature, la fermeté de la chair, la robustesse de l'ossature masculine? Comment l'homme, généralement d'une stature moins délicate que celle de sa partenaire, peut-il refuser de se faire lui-même douceur égale à la finesse des épaules, des hanches, des seins, de la vulve de cet autre corps? Comment deux hommes entre eux peuvent-ils renier le plaisir d'allier à leur besoin réciproque de tendresse le plaisir de marier leur force à l'unisson, de s'étreindre à se rompre.

Mais, au-delà de ma conviction et de mon aisance toute récente, je me demandais encore et toujours pourquoi il est permis à Suzanne de dire, avec dégagement encore, et sans provoquer de scrupule, qu'elle devient toute frémissante, le corps couvert de frissons, dès qu'elle entend et qu'elle voit Barbara Streisand chanter au cinéma. Pourquoi cette heureuse liberté tandis que Robert, son mari, ne peut seulement accepter que je lui souligne combien sa nouvelle monture de lunettes lui va bien sans qu'il se sente obligé de me répondre par une platitude du genre: "Ben mon doux arrête-moi ça! Veux-tu qu'on sorte ensemble?"

Pourquoi Christiane, si ouverte dans ses relations entre femmes, cherche-t-elle tant à culpabiliser Pierre dans l'amitié toute réservée qu'il tente de me témoigner? Notre intimité se situe pourtant à mille lieues de celle qu'elle partage lorsqu'elle lave les cheveux de Nicole, lorsqu'elle veille au salon en peignoir avec Louise, lorsqu'elle masse le dos endolori de Mireille. Pourquoi tant de chichi autour du fait que Pierre m'a donné sa flûte dont il ne se sert plus depuis des années, quand elle-même, chaque année, offre à Ginette quelques fleurs pour son anniversaire? Pourquoi me suis-je senti obligé d'embrasser Christiane après notre première soirée, alors qu'il y avait déjà trois ans que je connaissais Pierre et que je ne l'avais encore jamais fait? Dans quinze ans, lorsque mon fils viendra passer le week-end à la maison avec une nouvelle amie, devrai-je encore n'avoir de baisers que pour elle?

L'autre jour, Guy est venu chercher Brigitte qui jouait avec Roxanne depuis quelques heures. À leur départ, Brigitte fut sévèrement rappelée à son devoir d'embrasser ceux que l'on quitte. Puis à son tour, prêchant d'exemple, Guy a embrassé Roxanne et Vincent. Une fois partis, Roxanne me demande: "Papa, Denis a-t-il embrassé Vincent?" "Ben oui." Et vous devinez la suite: "Et toi alors..."

Ces obscénités demeurent mon drame quotidien et il est le lot de chacun d'entre nous. Chaque jour est témoin de notre complaisance à baigner dans l'indécence de nos gestes manqués, de nos paroles étouffées, de nos fausses vérités, de nos regards équivoques, de nos éclairages indirects, de nos scénarios obscurs. L'obscénité ne loge pas uniquement dans les coulisses d'un bar suspect. Celle-là est presque naïve, inoffensive, du moins est-elle plus acceptable en ces lieux qui lui reviennent. Mais celle qui s'affiche en plein jour, sous le passeport de l'étiquette, de la politesse, de la convenance, du respect, de l'autorité, est beaucoup plus meurtrière puisque c'est elle la grande avorteuse de nos pulsions. C'est elle encore qui trompe la jeunesse en enfermant la sexualité dans la chapelle du mariage. C'est elle qui fait des maris et des femmes, des époux et des épouses, des humains cantonnés dans des rôles dont les devoirs et privilèges figent à jamais leurs existences: "Je vous présente mon mari", ce qui revient à dire: "*Keep away, private*". Ou encore: "Je suis marié, j'ai deux enfants", ce qui signifie: "Tenez-vous-le pour dit, je suis déjà engagé avec une femme"; ce qui dissimule encore: "Je ne suis surtout pas un homosexuel, je me le suis prouvé à moi-même." Tout cela est peut-être cru, d'accord, mais sûrement pas obscène!

Pourtant je devrais être plus optimiste car il me semble que prend forme un certain mouvement de libération des moeurs. Les deux ou trois prochaines générations connaîtront-elles un monde plus tolérant?

Tic-tac. C'est le mouvement perpétuel. Tic-tac. N'oublions pas que le balancier de l'histoire comptait déjà les heures et les jours au temps où Grecs et Romains n'hésitaient pas un seul instant à savoir qui de leur femme ou de leur amant devait les accompagner au banquet auquel ils étaient conviés. Tic-tac. Tac. Dormons tranquille. Pie XII, ce grand frein de l'histoire, nous a préservés contre ce sort ignoble car il avait pressenti, lui, le risque de cette scandaleuse marche arrière au temps glorieux d'une Rome laxiste. N'est-ce pas pour contrer le risque de cette abominable dépravation sexuelle que ce très grand prophète a prêché l'indissociabilité de la relation sexuelle de la fonction reproductrice? L'encyclique *Humanae Vitae* de Paul VI ne réaffirmait-elle pas cette vision des choses?

Afin d'assurer sa survie, la nature humaine oblige l'union sexuelle d'individus de sexes opposés. Cette situation serait tout autre si un, et pourquoi pas les deux représentants de l'espèce étaient auto-reproducteurs. Vous imaginez les conséquences les plus redoutables... Mais, heureusement, tel n'est pas le cas. Au cours des années 50 toutefois, les progrès de la science étant plus remarquables que les miracles de Lourdes, le Saint-Père, à l'offensive, nous rappela que la sexualité et la reproduction ne constituaient qu'une seule et même réalité; un seul dieu en deux personnes. Ainsi, il confia à ce nouveau dogme la finalité des rapports sexuels: mariage-procréation. À défaut d'expérience conjugale, de compétence maritale du Saint-Siège, il s'avéra, dans les faits, que la fonction de plaisir s'était, malgré tout, à ce point distanciée de la fonction de la reproduction que, mon tour étant venu d'assurer ma progéniture, je n'arrivais pas à établir le rapport entre le partage avec "ma femme" du plaisir coutumier de la pénétration et la conception d'une nouvelle vie. La génération des fidèles de Paul VI se distinguait donc considérablement de celle tenue sous l'emprise des directives de Pie XII. C'était une belle évolution. Cette génération, la mienne, n'allait pas interrompre un élan aussi libérateur, bien au contraire.

Nous avons vu le jour dans l'une des périodes les plus tumultueuses qu'ait connues l'humanité au niveau des valeurs. Dans ce climat de fébrilité toute particulière, correspondant à mon adolescence, les adultes qui m'entouraient semblaient adopter des comportements répondant en tous points aux caractéristiques de cet âge que l'on dit ingrat. Tous ces adultes semblaient en effet découvrir, comme moi, la force de la contestation organisée (première grève des enseignants), le besoin de libérer leur sexualité frustrée (premier déferlement de films de cul pour 18 ans et plus), le besoin d'identification, d'affirmation de soi (structuration du Parti québécois), et, enfin, en même temps un besoin de s'ouvrir au monde, de communiquer, de fraterniser (ce fut l'Exposition internationale de Montréal). J'avais dix-sept ans. Tous ensemble nous vivions notre adolescence. Ce qui fit dire aux sociologues que notre concept de génération était révolu. L'idée de génération n'allait plus de pair avec le règne d'un grand pape, puisque le phénomène du *baby boom* de l'après-guerre provoquait de tels chambardements que des conflits de valeur mettaient carrément en opposition des individus ayant moins de dix ans d'écart; quand ces remises en question ne se produisaient pas au sein du même individu tous les cinq ans.

C'est dans cette crise d'adolescence collective que ma génération a reporté le champ de la sexualité sur le parvis céleste du corps entier, dégageant la source de l'orgasme jusqu'ici limitée au siège consacré des organes génitaux copulant. Notre insolence était sans frontière. En tant qu'adeptes du *peace and love*, nous chantions les cantiques du plaisir. Nous délogions publiquement le dernier missionnaire de sa position, prônant la pénétration, en faveur de la célébration du corps total. Avec leur clito comme mascotte, les féministes venaient en tête de la parade. Pie XII avait vu juste, et ce qui devait arriver arriva ou est sur le point d'arriver: 1. La sexualité n'a pas pour seule fin la procréation. 2. La relation pénis-vagin ne peut plus être considérée comme l'unique lit de l'orgasme; la preuve tous ces clitos négligés, tous ces pénis malheureux. 3. La relation sexuelle ne peut donc plus être justifiée dans sa convention de la rencontre exclusive mâle-femelle. Elle peut désormais se libérer de cette exclusivité contraignante pour évoluer, se diversifier selon les circonstances, selon la nature des couples qui auront choisi de partager l'intimité de leurs êtres jusque dans l'amour de leur corps.

Tout compte fait, mon cheminement personnel s'inscrit dans la voie de cette évolution. Et si ce contexte qui a servi de trame à mon adolescence fut ponctué d'explosions se répercutant à tous les niveaux: politique, religieux, familial, social, il a aussi obligé ma structure personnelle à développer des mécanismes d'adaptation destinés à me maintenir en équilibre malgré la grande instabilité de mon environnement.

Le doute, l'incertitude, le tout-est-relatif, les paradoxes, l'incroyable-mais-vrai, le probable plus que l'absolu, le changement, l'essai, le nouveau, l'éphémère plus que le permanent caractérisent ma génération et celles qui y succèdent. Les contestations étudiantes, qu'elles fussent du Mexique, de la France, de la Tchécoslovaquie ou du Québec, ont, de 60 à 70, été le symptôme international de nos troubles intérieurs. Le Printemps de Prague, Mai 68, la crise d'Octobre et les autres se voulaient l'expression de notre désarroi, de nos déchirures, de notre recherche de solutions. Elles manifestaient notre désir de structuration, notre recherche d'équilibre. Si ailleurs, de par le monde, des éruptions de plus en plus violentes et sanguinaires perdurent, nous poursuivons ici encore, avec, en toile de fond, la psychose de l'apocalypse de l'an 2000, la recherche de nos identités. Nous nous sommes gavés de thérapies, nous avons inventé des milliers de sectes (religieuses, sportives, professionnelles, etc.). Et croyant que la solution était de nature politique, nous avons élu des partis politiques faisant miroiter des changements majeurs susceptibles de remédier une fois pour toutes à nos maux: PQ au Québec en 76. PS en France en 81.

Tout ce mouvement chaotique fait de nous, que nous soyons de l'Est ou, et a fortiori, de l'Ouest, des êtres souffrant de spasmes semblables, animés par des espoirs et des angoisses communes.

Personne d'entre nous ne peut se dire exempt de tous ces bouleversements, car ils ne sont que le reflet de nous-mêmes. Une chose cependant doit être précisée: ma solution, comme celle de chacun, ne réside pas dans le collectif. Ce n'est pas en fréquentant des clubs de nudistes, en affichant mon allégeance politique, en me joignant à une association pour gais, en lisant tout ce que vous voulez savoir sur le sexe, en assistant à toutes les conférences données sur le sexisme, l'ésotérisme, l'érotisme, le racisme, le marxisme, le pluralisme, l'hédonisme, le bouddhisme, le tupperwarisme, l'etcaetérisme, que j'apprendrai à vivre. À chacun de choisir: ou bien j'opte pour une mode en attendant de passer à une autre, ou bien, tout en demeurant sensible à ces phénomènes qui m'atteignent, je demeure, avant tout, attentif à ce qui se passe en moi, à mes envies, à mes désirs et à mes besoins très personnels. Saisir l'écart entre mes envies et mes capacités à pouvoir les satisfaire. Distinguer ce que j'aimerais porter pour me sentir à la mode de ce que je voudrais m'acheter parce que j'en ai vraiment le goût. Porter des salopettes pour faire moins *straight* ou porter des salopettes parce que je me sens plus à l'aise dans mes gestes. Ne pas te faire l'amour pour te prouver que je suis un gars cool mais simplement parce que j'en ai pas envie pour "asteur".

Au temps de ma thérapie (ben oui, c'est déjà fini), un jour, comme ça, mon thérapeute me dit: "Te rends-tu compte que ce que tu as vécu d'octobre à janvier, y a pas 10 pour 100 des gens qui vivent ça dans toute leur vie, puis toi t'es pas encore content?" Et moi d'ajouter: "Qu'est-ce que tu veux que j'en fasse, moi, de la moyenne du monde. Je me crisse ben de ce que le monde vit. Moi je te parle de ce que je sens, de ce qui bouge en moi, de ce qui crie, de ce qui fait mal, des contradictions entre ce que j'éprouve envers Diane, Donald, Robert, Claudine, etc., et ce que je me permets de vivre. Je suis en conflit avec moi. Je vis, à ma dimension, le choc d'une culture transpercée par des supersoniques, menacée d'éclater, déprimée aux deux pôles. Qui donc osera encore prétendre qu'il sait lui ce qu'il faut "croire, faire et avoir" pour être heureux?"

Non, c'est pas au groupe de la maison des femmes de décider si Linda devrait, oui ou non, quitter son mari; c'est pas au comité thérapeutique de décider si Monique devrait, oui ou non, se faire avorter; c'est pas en buvant de la Brador que je vais me sentir foncièrement plus heureux; c'est pas en allant voir *la Cage aux folles* que je vais comprendre où j'en suis, moi, dans mes rapports avec les autres hommes; c'est pas juste en suivant un cours de Shiatsu que je vais en arriver à être bien dans mon corps. Ce n'est pas en faisant l'amour sur le Boléro de Ravel que mes orgasmes seront décuplés. Grands dieux, ce n'est pas en lisant *Tout se joue avant six ans, le Langage et votre enfant, le Principe de Lafontaine*, ou en suivant une séance "Parents efficaces" que je me sentirai plus à l'aise, plus amoureux de mes enfants et qu'ils seront pour autant en meilleure santé physique, affective, intellectuelle et morale. Ce ne sont pas les tribunaux qui me diront ce qui est préférable pour moi et les principaux impliqués dans le cas de ma séparation.

NON! C'est moi qui sais quand ma tolérance avec mes enfants touche à ses limites. C'est moi qui sais si j'ai le goût d'embrasser mon chum. C'est moi qui sais si j'ai envie de masser ma blonde. C'est moi qui sais si je préfère le *Minute Rice* prêt en cinq minutes ou le riz brun qui en prend quarante-cinq. C'est moi qui sais si je serai capable de vivre séparé de mes enfants, si je préfère les voir toutes les deux fins de semaine ou quand on en aura envie réciproquement.

J'ai fini d'attendre l'appel de Dieu pour savoir si je vais devenir un prêtre. J'ai choisi d'être un homme. J'ai choisi l'entente à l'amiable avec Diane, en ce qui concerne la garde des enfants, parce que l'agressivité qu'il faudrait que je témoigne, la résistance qu'il faudrait que j'offre face à Diane et le climat de tensions, les rejets et toute cette animosité, cette fichue merde que nous subirions, chacun, me feraient plus mal encore que l'absence quotidienne, déjà trop cruelle, des enfants. J'ai choisi d'ouvrir ma sexualité aux hommes et aux femmes que j'aime parce que je ne pouvais faire autrement. C'était là dans ma tête et dans mes tripes au jour de ma naissance, comme pour tout un chacun.

Et, abstraction faite de mes dents, de mes cheveux, de mon ventre et de mes yeux qui, chacun à sa façon, disent adieu à ma jeunesse, je me réjouis de vieillir quand je sens mon indépendance s'accroître face aux sources d'influence qui cherchent à m'éloigner de moi-même afin de mieux me soumettre à leurs intérêts à elles.

Ah! si on parvenait tous les deux à savoir ce que l'on désire. Si on savait tous les deux ce dont on a réellement envie. Si on écoutait en dedans de nous ce qui nous ferait le plus plaisir. Si je te disais ce que j'ai envie de vivre avec toi. Si tu me disais ce que tu as envie de vivre avec moi. Si on se disait ce dont on a le goût, pas en fonction des images puantes du commercial qu'on vient de nous crier dans les oreilles à la radio ou la télé. Non, ce dont on a le goût par en dedans de nous autres.

O.K. on va faire une affaire? On va fermer la radio, on va fermer la télé. On mettra même pas de disque, on va débrancher le téléphone, on va fermer les portes puis les fenêtres, à moins qu'on soit en plein champ, ou sur la montagne ou sur le bord du ruisseau tous les deux; puis là on va se fermer les quatre yeux, puis on va respirer, respirer longtemps, longtemps. Jusqu'à ce que l'on se sente dépollués, juste tous les deux tout seuls. Sans idées derrière la tête, sans musique dans les oreilles, sans mise en scène, sans texte préparé. Puis quand on va être prêts, on va ouvrir les yeux tranquillement. On va regarder ce qui se trouve autour de nous. Puis, on va se regarder pour le vrai. Puis on va vivre. Ça te tente-tu? Penses-tu être capable? On essaie-tu pour le vrai?

Au fond, c'est comme si on avait peur d'exploiter nos ressources naturelles. C'est comme si on avait peur d'explorer nos forêts intérieures, nos rivières souterraines. Peur d'observer, d'écouter les rythmes et mouvements qui nous habitent. Peur de faire le guet, silencieux, à attendre que prenne forme et consistance l'émotion qui loge en nous au moment où nous nous parlons, nous nous regardons. Si je parvenais à cesser de brouiller le langage de mon être sous un flot de paroles et de gestes inutiles, peut-être ma respiration s'apaiseraitelle? Plutôt que de m'enfarger dans l'obscénité de mon jeu, peut-être comprendrais-je plus clairement la vraie nature de mes intentions, de mes motifs? Et dans ta tête à toi, qu'est-ce qui mijote? Lorsque je te parle et que je te sens distrait(e), pressé(e), j'aimerais savoir si c'est parce que tu es attendu(e), ou si c'est parce que mes propos te gênent plus qu'ils ne t'embêtent. Lorsque je te caresse à sens unique, j'éprouve tout aussi durement le cul-de-sac de ce dialogue. Que ce soit en mots ou en gestes, quand je te parle, c'est avec tout mon corps que je te parle et j'ai besoin, en retour, que ta réponse me provienne uniquement de toi. Est-ce seulement le bien des nouveaux amants que de se désirer pareillement l'un l'autre? Dis-moi: "Je suis bien près de toi et je n'éprouve nulle envie de te parler, de te caresser." Dis-moi: "J'ai besoin de rester seul." Mais ne me parle pas. Ne me caresse surtout pas si ton corps n'en a nulle envie. Ne me fais pas subir un discours absent de mots, une caresse absente de désir, un regard absent d'émotion. Écoute celle qui naît en toi. Si elle veut te conduire à moi, laisse-toi guider par elle. Si elle exige ta réserve, ne simule pas le partage.

La souffrance de ma solitude amoureuse m'a miné et c'est fou comme ce même manque de tendresse semble affliger la majorité des hommes. Nous que l'on s'acharne à vouloir définir comme des êtres rustres, grossiers, insensibles. Il n'est pas un homme dont je n'aie pas entendu l'âme pleurer comme celle du violoncelle lorsque nous avons parlé de notre besoin d'aimer et d'être aimés, de notre quête de tendresse, de notre sensibilité délaissée. S'il est une chose qui n'a pas de sexe dans la vie, c'est bien cette rivière de sensibilité, de tendresse, d'amour que l'on renferme tous et chacun. Et le puits où veille ma sensibilité se moque du sexe de celle ou de celui qui viendra y boire. L'eau de ma rivière ne choisit pas davantage son lit. Elle ne choisit pas auprès de qui elle désire se prélasser, gazouiller tendrement. Elle ne détermine guère plus à l'avance la bouche sur laquelle elle aimerait se poser, les yeux dans lesquels elle voudrait se perdre, la poitrine contre laquelle elle voudrait s'endormir. Ma sensibilité ne s'inquiète pas de connaître si la bouche, les yeux et les bras qui l'inspirent appartiennent à un corps dont le sexe est une rose ou un lys. Ma sensibilité, devenue amante, perlera aussi bien l'une que l'autre de la rosée du plaisir. Je ne suis pas un homosexuel. Je ne suis pas un hétérosexuel. Je suis un être sexué dont la sensibilité refuse les ornières abêtissantes. La vulve de ma fille pas plus que le pénis de mon fils ne sont des freins à mon amour envers eux. S'il en est un qui persiste il relève de l'inceste, ce barbare effrayé par la grâce de l'amour. L'ami dont je partage le repas amoureusement préparé, comme l'amie au clavier de mon piano chantant la joie de sa présence, sont autre chose que des sexes dont la nature même me signale les lignes de départ et d'arrivée entre lesquelles notre intimité doit se situer. Et je répéterai encore que je n'ai rien d'un dragueur. Je ne saurais déterminer d'avance ma proie. Je suis dépendant du climat, des circonstances. Je suis bercé par la foule plus que je ne choisis de me frayer un chemin en elle. Je ne suis pas esclave du destin, je suis l'heureux gagnant du hasard. Après dix ans d'amitié timide surgit le besoin de caresser les cheveux de mon meilleur ami. Après quatre ans de bons repas, belles sorties, beaux becs, j'ai envie de faire l'amour avec ma meilleure amie. Parce que je pars en voyage et que je sais que je m'ennuierai de lui, j'ai le goût d'embrasser Jean-Marc et de le serrer dans mes bras. Parce qu'on est bien près l'un de l'autre et que nos tristesses nous rapprochent encore, j'ai le goût de m'allonger sur le sofa et d'entourer Suzanne de mes bras. Parce que je te trouve beau, parce que je te trouve belle, j'ai envie de me coller tout contre toi. Notre intimité a éveillé la sensibilité de mon corps envers le tien et je choisis de vivre.

Ce respect de moi-même et des autres ne s'est pas réalisé en criant ciseau. Je l'ai déjà dit. Il faut être coriace pour vaincre une morale obèse d'obscénités, dégoûtante de menaces, boursouflée d'hypocrisie, patiemment engraissée par trente ans d'histoire. En accordant ma sensibilité à celle d'un autre homme, j'ai goûté à l'ivresse de cette honnêteté. Mais je n'ai pas été sans m'apeurer, après coup, du danger auquel je m'étais exposé en exécutant un saut aussi périlleux. J'ai bien passé six mois sinon un an d'inconfortable émerveillement en butinant de la rose au lys, du lys à la rose; comme si Pie XII, par ma sainte conscience, m'obligeait à faire un choix, comme si je devais me brancher une fois pour toutes. Selon la bonne vieille dialectique du blanc ou du noir, du bon et du méchant. Je devais faire un choix et y rester fidèle jusqu'à la fin de mes jours. Je ne me posais pas du tout la même question dans mon for intérieur. Je ne cherchais pas du tout à évaluer si je préférais les caresses d'une main large et velue à celles d'une main plus fine, plus légère, mais également fiévreuse. Je ne cherchais pas à savoir si ma tension sexuelle atteignait des sommets plus élevés à la vue d'un bassin fougueux planté d'une fontaine ou à celle d'un bassin tout aussi nerveux embelli d'une cuve finement ciselée. Indiquez votre choix: préférez-vous les yeux bruns aux yeux verts? Les cheveux blonds aux cheveux noirs? Le café...

Cette nouvelle aventure m'a cependant permis de reconsidérer ma franchise sexuelle. Jusqu'à quel point cette envie de baiser d'antan répondait-elle à la seule preuve à faire de ma virilité plus qu'au plaisir de l'abandon des corps? Jusqu'à quel point l'éventail de mes délicatesses à l'intention de la gent féminine n'était-il pas que paravent à ma misogynie, à ma peur ancrée d'être bouffé, exploité? Je ne m'attarderai pas à tout le contrepoids, à tout l'envers de ces billets de faveur accordés à ces dames. Mais à n'en pas douter, il y a quelque chose de louche là-dessous. On ne peut tout éclaircir d'un seul coup. Je commence à peine à démêler mon casse-tête, à assainir mes rapports quotidiens avec les hommes et avec les femmes et j'ai le goût de continuer. Peut-être réussirai-je à mettre en berne les drapeaux de la compétition, de la performance, de l'agressivité, de la fausse blague qui ne sont que des barbelés destinés à entraver notre communication entre hommes. Peut-être, face aux femmes, réussirai-je à laisser dans ma garde-robe mes costumes de Don Juan. Enfin, ainsi peut-être t'inviterai-je et m'inviteras-tu plus souvent à dîner si on n'accole pas à nos démarches l'obligation de se prouver qu'on est de vrais hommes, de vraies femmes, sous-produits de Barbie et de G.I.Joe.

De toute cette exploration qui fut parfois troublante, je retiens une chose. Une chose importante. C'est que je t'aime, toi, homme. C'est que je t'aime, toi, femme. La vie semble s'appauvrir d'amour et de tendresse. Plutôt que de saccager nos réserves, cultivons l'amour qui veille en chacun de nous. Et si le carrefour de nos rencontres se contente du jeu de nos mots, adressons-nous les plus beaux discours. Si nos émotions se satisfont du simple plaisir de nous côtoyer, demeurons attentifs l'un à l'autre et offrons-nous la franchise de nos intentions. Si nos sens éprouvent contentement suffisant à savourer ensemble la musique, les odeurs, les beautés, les saveurs qui les caressent, laissons libre cours à leur satisfaction. Si nos êtres s'émeuvent l'un de l'autre et qu'en chacun d'eux s'éveille le désir de l'intimité des corps, que de la

friction de leur passion puisse jaillir la pureté de l'éva-
nescent plaisir.

P.S.: Si nous taisons notre amour, n'accusons nul autre
que nous-mêmes de vouloir notre perte. Nous
sommes responsables de notre amour. Nul autre
que nous ne peut répondre de sa vie ou de sa mort.
Si nous vivons notre amour, ne rendons grâce à
aucun autre dieu qu'à nous-mêmes, car si Dieu
n'est qu'amour, nous serons cet amour-dieu, trans-
cendant le temps, l'espace, la vie même.

Prise de parole

Maintenant, entre nous, les gars, est-il possible d'entrevoir une voie qui nous permette de déboucher quelque part, d'aboutir au soleil, sur la grand-place? Est-il possible que la simple parole s'établisse entre nous? Qu'elle s'évade de nos retranchements?

"Y a-tu quéqu'un icitte?"

Entretiendrons-nous encore longtemps l'idée que tous les hommes sont des êtres inexpugnables, inaptes à la communication, étrangers à la vie? Que tous les hommes sont d'inébranlables murs de silence coulés dans le béton de l'histoire? Du premier au dernier, sommes-nous tous du pareil au même?

D'aucuns diront qu'ils se dissocient d'une telle généralisation, se reconnaissant libérés sur le plan des émotions, de la parole et du geste. Ils ajouteront encore, à l'intention de l'auteur du présent texte, que l'interruption subite de sa première relation thérapeutique n'est pas sans dénoter l'ampleur de son problème personnel d'incommunicabilité, qu'il s'acharne d'ailleurs, depuis, à projeter sur tous et chacun. Au fond, le malade n'est-ce pas lui? Et faut-il lui rappeler encore que ce thérapeute, qu'il a si vertement critiqué en raison de ses propres tribulations rappelons-le à nouveau, ne faisait, en toute bonne foi, que jouer son rôle d'honnête travailleur?

Premièrement, je vous répondrai, messieurs, que vous me voyez ravi de faire votre connaissance. Il me tardait de rencontrer ce genre d'homme dont on m'a mentionné l'existence et décrit les comportements, pour le moins saugrenus, correspondant à ce qu'il est convenu d'étiqueter d'homme nouveau. Moi-même, ne vous en déplaise, je me suis vu décerner pareil trophée sans en avoir toutefois trop bien saisi le pourquoi; n'est-ce pas là, en somme, le cas de tout récipiendaire de telle marque de distinction? Deuxièmement, je dois vous avouer que votre remarque à mon égard m'éberlue. Car, au fait, c'est précisément la même remarque à laquelle j'ai eu droit, au bout du fil, lorsque j'ai rappelé à la clinique au lendemain de mon mémorable premier rendez-vous. Oui, le 12 octobre, rappelez-vous, lorsque j'étais particulièrement angoissé par ce coup de téléphone que je devais donner, juste avant la visite de François. Ça y est, vous y êtes? Eh bien, figurez-vous que j'ai réussi à compléter cet appel. La coordonnatrice du service de psychiatrie, à qui j'ai eu l'honneur insigne de parler, m'a elle-même rappelé que le malade n'était nul autre que moi-même. Elle a insisté en ce qui concernait le "docteur" rencontré, m'assurant que ce dernier ne pouvait qu'être exempt de tout reproche. Elle-même travaillait d'ailleurs au sein de la même équipe et elle était en mesure de répondre de la compétence incontestable de son collègue. Toc. Je l'ai remerciée, à chaudes larmes, de la qualité exceptionnelle des services professionnels qu'elle m'accordait à son tour. Jamais je ne me suis présenté au second rendez-vous qu'elle venait aimablement de me fixer. Cependant, j'ai moi-même transféré mon cas à une autre adresse où, cette fois, l'on m'a accueilli aux soins intensifs. Si vous avez bien lu, c'est là que j'ai établi, entre autres, le rapport révélateur pourvoyeur-impuissance. En passant, pour votre bien et celui de votre entourage, je vous souhaite de pouvoir profiter un jour de pareille cure.

Soyons sérieux. Il est vrai, j'ai pu moi-même le constater sur le terrain, que certains hommes dérogent des sentiers battus. Allons-y voir. Quittons les cages du zoo du pouvoir où l'homme, comme l'animal, est parvenu à oublier sa bête en adoptant des comportements dont les motifs lui échappent. Désertons les entrepôts, les usines, les unités commerciales, les sièges administratifs, les maisons financières, les chaînes de montage, les édifices parlementaires, etc., où, de jour en jour, plus abrutis, comme des chiens savants, nous exécutons courbettes et numéros de cirque absurdes, sous la baguette du maître-système. Tournons-nous plutôt du côté du monde libre, du côté où la vie a toutes les chances de se manifester. Transportons-nous dans les décors de la famille, du couple. C'est là, au coeur de la vraie vie — celle des sentiments et des émotions; celle de la peur d'enfanter et de la joie intense d'avoir mis au monde; celle de l'amour, de la tendresse des amants, du parent et de l'enfant; celle du déchirement, de la colère, de l'épuisement; celle des pleurs, de la souffrance, de la solitude; celle du vieillissement et de la mort; celle du repas, du coucher de soleil, du dodo, du réveil; celle des odeurs et des couleurs; celle de la maladie, de la blessure à panser, de la pommade à appliquer; celle de l'urine, de la crotte et du vomi; celle des menstruations et du sperme; celle des balbutiements, des cris, des chants, des comptines, des brins de causette, de la musique, des rires, de la fête... — que nous risquons davantage de trouver la matière première de notre discussion: la Vie. Pas seulement la naissance et la mort — confiées aux sacro-saintes-institutions-hôpital-pompes funèbres — mais la vie même qui bouge, se transforme, évolue. C'est là que nous avons le plus de chances d'obtenir les informations nécessaires à notre étude. Là, au coeur battant de la vie.

Quiconque est équipé de techniques d'observations élémentaires, — le simple bon sens suffit à la rigueur — remarquera, sans trop de peine, les traces de notre spécimen, dans des avenues tout juste déblayées. Dans l'intimité de sa vie avec ses enfants, s'il en a, ou avec sa conjointe, il s'avère possible d'observer, voire de mesurer, des comportements d'hommes jusqu'ici peu signalés et qui témoignent d'une rapide évolution — ne parlons tout de même pas tout de suite de véritable mutation. C'est parti.

"SUR LES CHEMINS DE LA CONSCIENCE"

Premier virage: "J'aide l'autre"

Posté derrière l'objectif de ma caméra, j'ai vu, de mes yeux vu, certains hommes, libérés, se livrer, heureux, aux odeurs, couleurs et sensations tactiles que procure l'art culinaire, celui des grandes occasions. J'ai vu, cela va de soi, certains hommes se prêter à une cuisine plus ordinaire. C'est ainsi que j'ai appris les cent et une façons de préparer une omelette. Se sentant épiés par mon regard de réalisateur, qu'ils interprétaient tous comme désapprobateur, ces petits cuisiniers ont presque tous laissé échapper malencontreusement un ou deux oeufs sur le parquet... J'ai surpris, encore, attendant à la porte qu'on vienne me répondre — c'était du cinéma vérité, quoi! —, le maître de la maison en train de passer l'aspirateur. Ce dernier, m'apercevant, saisi et honteux comme s'il avait commis un délit, a aussitôt laissé tomber ses accessoires de ménagère, affairé à faire disparaître le tout comme par enchantement.

106

Ces deux exemples, ridicules peut-être mais non moins courants, s'inscrivent à juste titre dans le sens d'un partage équitable des tâches, garantie pour certains d'intercompréhension, de respect et d'épanouissement pour chacun des protagonistes du couple. Que de progrès!

Mon ton cynique ne se veut pas méchant. Je suis trop semblable aux miens pour pouvoir aussi bassement les dénigrer. Je ne jetterai pas la pierre à quelques boucs émissaires improvisés. Les causes aliénant l'homme dans une situation de coupure avec la vie sont trop complexes pour que l'on jette le blâme aussi lâchement. N'allez pas vous méprendre. Moi aussi j'ai été esclave des mêmes vices. Avant de saisir la dimension de ma condition, moi aussi j'ai dû passer par ce premier virage étroit, par cette redistribution des tâches. Et déjà, à ce stade-ci, j'ai trouvé difficile de discerner le "ce que j'ai le goût de faire" du "ce que je dois faire". Il ne m'a pas été facile de démêler l'imbroglio entre les tâches qui m'étaient dévolues par la culture et celles que j'avais envie d'assumer. Il ne m'a pas été facile d'évoluer sous la surveillance d'une conscience réactionnaire comme celle avec laquelle j'ai dû me débattre.

À part la nuit où je changeais la couche de Roxanne, âgée de quelques jours, et où son nombril séché tomba sur le plancher, entraîné par le mouvement maladroit de ma débarbouillette, jamais je n'ai éprouvé de gêne ou de réticence à "m'occuper" de mes enfants. Cela allait de soi. Pourtant, un jour, Marie-Claude et Guy viennent nous rendre visite avec leur fils du même âge que Roxanne. Nous étions en train de bavarder, Guy et moi, quand ce dernier interrompt subitement notre discussion afin d'attraper son fils pour changer sa couche. Aussi banal qu'ait pu être notre entretien, je fus vexé, insulté de le voir aussi irrespectueusement mettre fin à notre échange, préférant s'agenouiller devant le derrière crotteux et puant de son fils. Marie-Claude n'était pourtant pas affairée; elle causait avec Diane...

Cette fois-là, j'ai compris que je n'étais pas sorti du bois. Guy et moi avions le même type de relation avec nos enfants, la même implication. Dans tous les faits et gestes quotidiens, j'avais beau me réjouir de pouvoir m'associer à un compère qui me renvoyait une image de père dans laquelle je me reconnaissais, voilà que ma conscience primitive émettait un jugement appartenant à la génération des combattants de la guerre de 14.

À côté de ce phénomène de "désexisation" des rôles et des tâches, lié au premier virage de notre prise de conscience, il m'apparaît indiqué de rappeler certains aspects qui encouragent fortement le maintien des comportements traditionnels.

Combien de femmes réussissent à se libérer de leur lien symbiotique avec leur enfant? Combien de femmes parviennent à surmonter aisément l'impression, peu après un accouchement, d'être témoin du rapt de leur enfant dès que quiconque, et bien sûr le plus souvent le père, s'approche, désirant s'occuper de son nourrisson? Ce sont elles qui pendant neuf mois ont préparé ce chef-d'oeuvre. Ce sont elles qui pendant neuf mois et encore davantage auront subi des bouleversements physiologiques et psychologiques non négligeables afin de permettre la création de cette nouvelle vie. Je ne dis pas ici qu'il soit absolument impensable, pour ne pas dire contre nature, qu'une mère souhaite périodiquement, voire en permanence, être carrément délivrée, débarrassée de cet enfant qui la gruge dans ses pensées et dans ses moindres gestes. Entendons-nous. Mais pensons à tous ces couples qui, en croyant de façon persistante et sans doute inconsciente que le lien mère-enfant est encore celui qui prévaut, sont victimes de cette difficulté pour la mère d'accepter de partager le "fruit de ses entrailles".

Parlant de partage, n'est-il pas aussi pertinent d'interroger la tolérance des femmes dès qu'il s'agit d'admettre, sans crainte d'être délogées, l'intrusion d'un homme dans leur royaume des tâches domestiques et de l'éducation des "marmots"? J'entends déjà les féministes extrémistes me dénoncer. Mais combien de femmes, aux prises elles-mêmes avec l'image miroitante de leur mère, j'en conviens, n'ai-je pas entendues adresser à leur mari des reproches du type suivant: "Tant qu'à laisser les enfants jouer dans l'eau au lieu de les laver comme il faut, tu laisseras faire la prochaine fois." "T'es pas capable de passer l'aspirateur comme du monde, faut toujours que je repasse après toi." "Quand est-ce que tu vas apprendre à saler ton eau pour faire cuire les patates?" "Ben non c'est pas de même qu'on fait ça. Laisse-moi faire." "Surveille les petits puis essaie de t'arranger pour ne pas qu'ils se fassent mal cette fois-là." "On voit bien que c'est ton père qui t'a habillé." "Passe-moi-le, y me semble que tu le prends mal..." La liste pourrait s'éterniser; mais inutile, on a saisi l'optique.

Une longue parenthèse pourrait aussi s'ouvrir sur la complaisance qu'ont certaines femmes à assujettir leur mari à leur maternage. Couver le mari-enfant, n'est-ce pas là le meilleur moyen d'empêcher ce dernier de tromper celle qu'il appelle câlinement "maman"?

J'ajoute aussi que nous ne sommes guère indifférents au fait qu'assumer pleinement notre paternité risque aussi de porter quelques atteintes à l'image de notre sexualité. Personnellement, je peux dire que si depuis toujours, de la part des femmes, je ne me suis attiré que compliments élogieux pour ma façon d'assumer ma paternité et de me "débrouiller" dans une maison, le nombre de mes courtisanes n'a pas pour autant augmenté. Je me demande même parfois si... (fin de la digression rapportant quelques faits renforçant le maintien de nos comportements traditionnels).

Sans nul doute, mes interlocuteurs de tantôt, dans la volonté de souligner leur dissidence quant à ma perception négative des comportements mâles, ne s'identifieront pas davantage à mes exemples précités "d'hommelette", d'aspirateur et de changement de couches. Néanmoins, ces exemples dénotent qu'il peut s'avérer plus pénible d'amorcer un strict changement de tâches que de rester muet, cantonné dans des fonctions tout aussi aliénantes parce qu'en somme définies pour sauvegarder l'image d'une force et d'une raison indéfectibles. Assurément, je situerais plutôt mes opposants dans ce qu'il est convenu d'appeler catégorie "homme nouveau", les vrais...

Deuxième virage: "Je comprends l'autre"

Indéniablement, les hommes nouveaux ont parcouru un bout de chemin dont une grande majorité d'hommes ignorent encore l'entrée, faut-il malheureusement le déplorer. Ces hommes nouveaux, et moi avec eux, avons débroussaillé ce bout de chemin au coeur même de la jungle des stéréotypes hommes-femmes.

Dès l'université et pendant sept ou huit ans, j'ai sabré moi-même tous ces stéréotypes culturels dont on me bombardait. J'ai discuté, confronté, observé, analysé avec mes collègues d'étude ces modèles, dons de notre civilisation, et que nous adoptions et renforcions même à notre insu. J'ai réévalué, dénoncé et défendu la condition des femmes tout en développant une prise de conscience aiguë par rapport à cette problématique. J'ai pris à mon compte les revendications d'indépendance économique de Simone de Beauvoir jusqu'à l'autonomie de jouissance exposée à l'intérieur du *Rapport Hite*. (En toute intégrité, je me dois de souligner que mes partenaires de discussion étaient des femmes.)

Au fond, peut-être n'avais-je pas tellement de mérite à faire preuve d'une compréhension aussi aiguë de la condition féminine. Élevé avec trois filles, n'avais-je pas dès mon enfance développé, envers les femmes, un scrupuleux respect, directement calqué sur le modèle de notre chaste Saint-Joseph? (Celui qui, plutôt que de passer pour un salaud, sauva la réputation de la jeune vierge enceinte en devenant père sans avoir à imposer à sa très sainte dulcinée la violence de son phallus nerveux.) Pour tout dire, en fait, très jeune, j'avais éprouvé déjà une vague part de responsabilité quant à la situation de second violon des femmes. À l'adolescence, mes fragments d'hypothèse s'étaient consolidés et la cause du maintien de cette condition d'infériorité, d'exploitation, de soumission, d'aliénation de la femme semblait de plus en plus devoir me concerner.

À l'université, à vingt ans, il n'y avait plus eu de doute. Mes chums de fille devaient me confirmer mon intuition(!). Tous soupçons dissipés, le dossier clarifié, le verdict fut rendu: les hommes sont tous des cochons. Nous avons le pouvoir économique et celui de la législation. Or qui d'autres que nous peut-on soupçonner de pareil machiavélisme? Nous possédons tout pour remédier à la situation mais nous ne bougeons pas d'un iota. La preuve était faite: nous servions le pouvoir avec plaisir. J'étais coupable.

C'est dans cet esprit que je me suis gentiment rangé, en guise de pénitence, sous la bannière de la défense des droits de la femme. Nous étions quelques-uns, je dois dire, à manifester une telle ouverture d'esprit. Entre nous, mâles criminels, rien n'avait cependant changé, bien sûr. Mais si une bonne copine faisait irruption entre nous tandis qu'entre hommes nous débattions, comme il se devait, des troubles du Moyen-Orient ou de notre projet de souveraineté politique, il n'était pas rare que le sujet dévie sur la voie des rôles (faut-il ici comprendre féminins) et que la victime en cause ait droit à toute notre compassion. J'ai même vu de mes meilleurs amis, c'est pour vous dire leur degré d'évolution, qui, faisant preuve d'un libéralisme sans borne, participaient activement aux manifs populaires dites féministes et, pourquoi pas, à la Journée de la Femme. Je dois confesser que tout au long du premier week-end de cet énévement international, je fus malade de culpabilité, incapable de fonctionner efficacement au colloque professionnel qui me retenait. Je me décevais moi-même de la faiblesse de ma solidarité féminine. Christ! les gars, y'a un bout; moi je débarque. Une petite chanson de circonstance peut-être? (Sur l'air du refrain du *Minuit Chrétien.*)

> *FEMME À GENOUX*
> CHANTE TA DÉLIVRANCE
> EN L'HOMME, EN L'HOMME,
> HONORE TON RÉDEMPTEUR *(bis)*

C'est fait, nous venons de passer de *Un homme vous écoute* à l'organisation de croisades anti-mâles. C'est ce qu'on appelle mourir d'aimer! Pareil hara-kiri ou immolation me semble le comble du paternalisme. Est-ce Dieu possible? Je pense que oui. Tous ces beaux jeunes gens pleins d'une ardeur si noble à répondre à vos voix, allant de leur vie payer le rachat de leur faute commise à votre égard. Que tous les sanctuaires du monde dédiés à la Vierge accueillent avec bienveillance la litanie expiatrice de ces pécheurs repentants. Le pire, c'est que c'est même pas drôle, ça frise même le tragique quand on songe que cet enrôlement s'est finalement soldé par un développement accru de culpabilité. Tous ces valeureux, moi le premier, avons, et avec quel éclat, adopté au sein même de cette contestation notre modèle de fonctionnement originel de mâle chauvin, de bon papa, tel que tracé par notre très Sainte Mère l'Église catholique et dont l'exemple glorieux se nomme Notre Seigneur Jésus, le Roi des Rois, le Sauveur de l'humanité qui de sa vie a racheté le péché originel qu'aucun d'entre nous n'a d'ailleurs commis.

Grande âme!

Plus concrètement, l'exemple qui suit illustrera assez bien l'oeuvre de notre mission réparatrice.

Au plan sexuel, notre dossier était plutôt sombre — l'usage de l'imparfait ne veut à aucun instant laisser sous-entendre que nous sommes, en l'espace de quinze ans, devenus des amants irréprochables. Mais ceux qui, comme mes compères du début et moi-même, étaient entrés dans le monde adulte sensibilisés, ne fût-ce que dans une certaine mesure, aux récriminations féministes, avaient toute une réputation à refaire. Le défi était de taille. Car avant même que ne s'épanouisse notre hétéro-sexualité nous étions, par un lourd passé, qualifiés de brutes, d'égoïstes, de salauds et de gros méchants loups. Héritiers de ce deuxième péché originel (cette conception d'héritage a quelque chose de typiquement, déli-cieusement masculin), nous nous sommes, le plus naturellement du monde, empressés de réparer notre faute. C'est ainsi que nous avons endossé la responsa-bilité de votre plaisir; une de plus, une de moins, quand on y est, il s'agit simplement de ne pas y penser. Résultat: nous sommes devenus à la fois pourvoyeurs de jouis-sances économiques et sexuelles! Évolution pour la femme — c'est vite dit mais lisez entre les lignes — oui, peut-être, sous la forme d'un certificat d'orgasmes garantis. Pour l'homme, il n'y a jamais eu de problème de ce côté-là. Ces maudits cochons-là, ça jouit comme ça éjacule. Oui madame, une shut, 7-8 secondes!

Non, moi je regrette les gars, je ne marche plus. Je ne suis plus capable. Je refuse de limiter mon angle d'ouverture au fait qu'on puisse, entre hommes, en présence d'au moins une femme, discuter de sa condition à elle. Je ne suis plus capable de faire rimer homme nouveau à paternalisme camouflé. Et ce que je suis encore moins capable de supporter, c'est cette supercherie scandaleuse qui sanctionne, sous le titre de *noble défenseur de la cause féminine*, notre entêtement maladif à nous mentir une fois de plus entre nous. Brave chevalier, qu'as-tu à tant frémir devant le reflet de ton image?

Non, les gars! Si pour vous, puis pour certaines femmes, être un homme nouveau signifie faire semblant de vivre en jouant à la mère ou en portant à bout de bras nos suspensoirs athlétiques en guise de soutien-gorge tout en paradant dans les manifs de femmes, je crie: "MERDE"! Vivre ne signifie pas être une femme, bon sens! Pas plus que pouvoir veut dire "homme". C'est pas des synonymes ça! Pour moi, vivre signifie être ouvert à ce qui se passe en dedans de soi et ce n'est pas à défaut de vagin que je renierai "mon dedans"!

Troisième virage: "Et nous bordel!"

Écoutez les gars, moi je suis écoeuré de passer mon temps à regarder pousser la récolte de mes voisines pour mieux éviter de réaliser qu'on a pas encore commencé à ensemencer nos propres terres, hostie! C'est méchant, les gars, mais c'est vrai.

Moi, je n'ai plus rien à foutre à regarder, béat, mes voisines affairées à sarcler, engraisser, labourer la terre de leur jardin, printemps après printemps. Ch'tanné de répéter: "Ben, j'cré ben que ça sera pas encore c't'année que j'vas faire des conserves à partir des produits de mon jardin...'' Moi, là hein, ça me tente de m'occuper de mes oignons. Ça me tente de m'occuper de mes affaires à moi. J'en ai assez de me leurrer dans des exercices de sauvetage, de charité, de grand frère, de grand-papa, de grand Christ.

Mais le pire, mon plus gros problème, c'est que je me sens tout seul dans mon équipe. Au début, on était quand même une petite gang qui souhaitions, ensemble, inventer une nouvelle sorte de père, un modèle inédit. On était une petite gang encore à s'inscrire comme nobles défenseurs de la condition féminine. Mais maudit, êtes-vous tous restés ''jammés'' à la phase deux de notre projet? Au deuxième virage? J'aimerais ça sentir qu'on est encore une petite gang à vouloir aller plus loin. J'aimerais ça sentir les coudes de quelques militants convaincus! Même si plusieurs femmes, isolément, m'ont aidé et soutenu dans ma lancée et continuent à me fournir suffisamment d'énergie pour me maintenir en orbite, elles ne pourront corriger à ma place la trajectoire me permettant d'atteindre ma destination. Mon objectif m'appartient puisqu'il est le lieu de ma condition d'homme. Et c'est d'hommes dont mon équipage a besoin, d'hommes en orbite! Christ les gars, faut que je vous dise que je suis en maudit contre nous autres. Ça transpire-tu? Surtout contre ceux qui persistent à s'afficher hommes nouveaux tout en demeurant muets face à notre condition. (Je sais que je suis exigeant, mais une évolution, c'est un mouvement sans fin. Faut savoir prendre son souffle et poursuivre la lutte.) Quand on parle de redéfinition des rapports hommes-femmes, rendons-nous compte que cette redéfinition ne nous concerne jamais autrement qu'en nous baptisant de tous les maux de la terre. Les nouveaux rapports hommes-femmes, c'est la femme qui demande d'être reconnue comme être humain à part entière. Et nous que diable, n'avons-nous pas envie d'accéder au rang d'humains?

Soyez sans crainte. À l'instar des groupements de femmes, je ne compte nullement émettre des cartes de membres pour Homme Vivant! "Mais bâtard!", comme dirait une abonnée à *la Vie en rose*: "Grouillez-vous le cul les gars, parlez-vous." Entre deux bières ou entre deux joints, y me semble qu'on pourrait se dire quelque chose. Et il faudrait faire vite car il y a de ces jours où je ne vois plus d'issue. Quand j'entends Louise, Francine, France, Hélène, Nicole, Suzanne, Marcelle me raconter les vicissitudes de leur vie de couple, avant même qu'elles ne me livrent la fin de leur récit, je peux nommer maintenant le cul-de-sac où elles aboutiront: la nature impénétrable de leur homme. Je ne peux que me désoler de voir toutes ces femmes cheminer, vibrer, vivre et se heurter inexorablement contre leur roc de Gibraltar (quelle belle vieille image pour désigner leur homme...). Et je n'ai que dire, et je n'ai que faire sinon partager également la souffrance de leur bonhomme prisonnier de leur propre muraille. Je suis un humain de sexe mâle et je ne regrette en rien cet *Y* qui me différencie. Ce n'est pas dans mon sexe uniquement que j'ai mal mais dans mon être. Et j'ai trop souffert de mon mutisme, tout au long de cette gestation de moi-même, pour accuser de façon intempestive, comme le font certains mâles féministes populaires, tous ces Gibraltar, ces Rona au coeur tendre, dépossédés d'eux-mêmes. Et je refuse de souscrire à la thèse voulant expliquer notre silence par notre solidarité complaisante envers un pouvoir abusif. Oui, je partage avec une grande compréhension et une grande sensibilité l'état déchirant des femmes dans lequel votre silence les étouffe. Mais je comprends avec tout autant de sympathie l'affreux cauchemar dans lequel ce même silence vous piège. Au bout du compte, si je crie pour l'un et si je crie pour l'autre, c'est pour mieux crier pour moi-même. Car je veux à la fin que l'on sache l'atroce solitude que nourrit le silence, qu'il soit à l'extérieur ou à l'intérieur de soi.

Certains diront que toute cette revendication du droit à la vie, du droit de parole, la vraie — pas celle du viril débat télévisé des chefs d'État — n'est pas le propre de l'homme. Je le sais et je l'ai déjà mentionné. Et je sais que si tous les hommes ne parlent que de broue, bien des femmes ne parlent que de frou-frou. Je sais cela. Mais je sais encore que la femme qui a besoin de fibre plus pure, plus naturelle que les frou-frou, pourra se ressourcer à même une littérature, un cinéma, un théâtre qui s'adresse à elle. Elle pourra encore, sans trop de peine, aller vers une autre auprès de qui elle finira par se trouver elle-même. Et je la jalouse. Que personne ne vienne réfuter le fait qu'au départ la femme soit plus que l'homme en contact avec la vie. Je ne dis pas que j'envie la situation de la femme esclave entre tables et armoires; cela me semble davantage être le regret inavoué des mâles féministes. Je ne veux plus discuter sur ce point. C'est de moi homme dont je veux encore parler et c'est par rapport à nous que je réclame que cela se passe, pour que l'on aille plus loin finalement que la classique claque dans le dos.

Oui, les gars! Je reviens encore à la charge parce que mes premières tentatives de confidences "d'homme" m'en ont confirmé la richesse et les bienfaits. C'est comme ça, entre autres, que j'ai appris comme j'étais loin d'être le seul à ne plus vouloir jouer au prince charmant. (Être infiniment bon, être infiniment aimable, parce que le contraire leur déplaît.) J'en ai ras le bol de cette séduction d'aplaventrisme m'élevant au titre d'aimable (qui mérite d'être aimé) et encore, allez-y voir.

Quel attirail d'attention, de tendresse, de délicatesse ne faut-il pas déployer pour enfin en recevoir la plus infinitésimale fraction? Comme si l'amour et la tendresse étaient des valeurs marchandes. Pour être dignes d'amour, parlons investissements. Belle connerie! Comment ne pas référer à Brel qui, à travers tout son répertoire, n'a fait que quémander sa part de tendresse:

POUR UN PEU DE TENDRESSE
JE T'OFFRIRAI LE TEMPS
QU'IL RESTE DE JEUNESSE
À L'ÉTÉ FINISSANT
POURQUOI CROIS-TU LA BELLE
QUE MONTE MA CHANSON
VERS LA CLAIRE DENTELLE
QUI DANSE SUR TON FRONT
PENCHE VERS MA DÉTRESSE
POUR UN PEU DE TENDRESSE

Combien de temps me faudra-t-il encore patienter pour qu'à mon tour je devienne objet de tendresse, objet de ton amour, objet de ton désir. Quand donc, femme, recevrai-je de toi une douce invitation au voyage. Mon agence a failli. Je n'ai ni fait de réservation ni acheté de billet. Je n'ai plus de plans de vacances à te proposer. J'en ai marre de te voir partager mes projets. J'ai envie de partager les tiens. J'ai besoin de m'inscrire à l'enseigne de tes plaisirs. J'ai besoin que tu m'embarques dans ton bonheur. J'ai besoin que tu m'exprimes tes désirs. Je ne veux plus jouer au gentil organisateur du *Club Med.* Je veux que tu proposes. Je veux que tu prennes, que tu me prennes car ma source est tarie. J'ai besoin, par-dessus tout, de sentir que tu as envie de moi et de connaître, dans la plénitude de ma détente, la jouissance de mon corps sous tes mains désireuses de lui donner ton plaisir.

N'est-ce pas dans ces conditions que j'ai redécouvert le bien suprême en présence de Marie-France puis de

Jean-Pierre? En jouant cartes sur table? En me présentant à l'autre tel que j'étais avec mon besoin de tendresse, avec mon besoin de recevoir, mon besoin de donner? En étant à l'écoute de moi-même? En somme, en me respectant au-delà des rôles? Oui, c'est peut-être ça, au fond, me respecter, indépendamment de ce qu'on attend de moi, de ce que j'ai appris, de ce que je dois faire pour plaire. Mais comment parvenir à s'écouter, à se respecter quand on vous a inculqué des ordures tels ces échos qui me reviennent de l'acte d'humilité de jadis: "Mon Dieu, je ne suis que cendre et poussière. Réprimez tout mouvement d'orgueil qui s'élève dans mon âme. Apprenez-moi à me mépriser moi-même. Donnez votre grâce aux humbles..." (N'allez surtout pas vous méprendre avec les formules d'enseignement d'aujourd'hui que l'on dit moins fanatiques et plus humanistes. Si les apparences vous incitent à penser ainsi, rappelez-vous que la facture demeure essentiellement la même.) Conditionné à une aussi avilissante image de soi, il est difficile de s'accorder quelque respect; n'en suis-je pas indigne?

Non, ce n'est pas facile de se respecter quand cette image d'asservissement propagée par l'Église et appuyée par la connivence des forces sociales nous définit en termes de gardiens de trésor, de garde du corps, de défenseurs de la liberté. Ainsi, en tant qu'hommes, nous sommes craints, redoutés, mais en aucun cas nous ne pouvons être objets de respect. C'est plutôt ce que nous protégeons, ce que nous défendons qui est objet d'importance, qui mérite le respect. Le coffre-fort n'est pas le trésor. Finalement, c'est le contenu qui a de la valeur, le reste n'est que mesure de protection, mis en place en fonction de, existant en fonction de... Tous ces soldats morts à la guerre, c'est sans histoire. L'important c'est la cause, l'idéologie, la liberté, le royaume, le pays; et grand Dieu, qu'est-ce qu'un pays sinon le foyer de vie que se partage un peuple par la fécondité de ses femmes, par la croissance de ses enfants, qu'ont défendus et que défendent encore ses hommes, chair à canon?

En fin de compte, quelle peut bien être l'importance de me respecter moi-même quand on s'évertue à me faire comprendre, depuis que je suis haut comme trois pommes, que je ne suis là que pour assurer l'ordre, veiller à soulager la veuve et l'orphelin, à faire respecter l'indigent et la vertu de la jeune vierge offensée, à défendre le nom de mon école dans des compétitions, à perpétuer le nom de la famille, à réussir économiquement pour sauver l'honneur et flatter la fierté de mes parents, à propager l'idéal de mon parti politique, à répondre aux besoins de gîte, de nourriture, de vêtements et de sécurité de tous les miens (les miens!), etc. C'est pas facile de penser à soi dans pareil contexte.

Franchement c'est pas facile non plus de respecter, de croire en la capacité de l'autre, de ne pas s'intégrer dans ses affaires, et particulièrement celles des femmes, quand tout ce qu'on a exigé de nous était de s'affirmer en tant qu'intendant, en tant que gérant, en tant que premier ministre. C'est pas facile de s'écouter quand on nous a laissés croire que tout ce beau monde dépendait de nous. Que l'état de santé de toute la planète était de notre ressort. C'est pas facile de croire au potentiel d'autonomie de l'autre, en sa possibilité de prendre des initiatives, quand on a programmé nos propres existences en fonction de la soumission de cet autre.

Non, ce n'est pas facile de s'écouter quand on nous a fait ravaler une à une les larmes de notre enfance sous les menaces du style: "T'es quand même pas un bébé; fais pas ta petite fille; mais t'es un grand garçon; fais ton homme; qu'est-ce que les autres vont dire." Comme si on ne pouvait servir que de mur de lamentations.

Comme si jamais ce mur ne pouvait lui-même suinter de larmes d'épuisement sans que le monde ne s'écroule en catastrophe. Qu'est-ce que les autres vont penser? Putain de merde! Eh bien, je m'en fous! Je m'en fous royalement, parfois... Oui, seulement parfois, parce qu'en réalité, je suis incapable d'en faire complètement abstraction. Me respecter sans prendre peur? Sans faire peur? Merde! Pourtant c'est ce qu'il me faut apprendre. Et cela doit être possible puisque je l'ai réussi avec Marie-France, avec Jean-Pierre, avec papa. Au moins une fois, deux fois, trois fois dans ma vie, je me suis respecté, et personne ne s'est affolé, même pas moi.

Si mes dissidents du départ ne font pas qu'adhérer intellectuellement, mais ressentent comme moi ce que je viens d'exprimer, il y a des chances que j'aboutisse sans trop d'écorchures; il y a des chances qu'on aboutisse en toute beauté.

Oui, je pense que c'est ça. Avec toi, bonhomme, cher compère, cher confrère, cher semblable, il en est pour ainsi dire de même, se respecter. Prendre notre temps, laisser naître; c'est-à-dire apprendre à respecter les humains que nous sommes. Il faudra bien qu'on parvienne à oublier nos images de professionnel, de travailleur, de cadre, d'amateur en ceci, d'expert en cela, de connaisseur, de critique, de membre de tel club, de représentant de telle idéologie, d'éternel blagueur, de *Rona* à toute épreuve; à cesser de nous épater dans nos rôles du meilleur pourvoyeur: plus gros salaire, plus grosse bagnole, plus belle femme, etc. À comprendre qu'en chacun de nous se trouve un homme seul, un petit garçon écrasé par le poids de tant de foutaise, un adolescent endurci malgré lui, un homme qui a envie de pleurer et d'être l'objet de tendresse plus que de brutalité. Il faudra bien qu'on apprenne à laisser vivre l'homme qui a envie de vivre en nous, de sentir, de parler, de toucher, sans s'énerver, sans prendre peur. Je suis tellement convaincu que c'est en respectant la vie qui fourmille en nous, que c'est en abandonnant nos sornettes coutumières pour que se révèle tranquillement cette vie tapie au fond de nous-mêmes, que nous pourrons progresser vers la vie.

Mais nos circuits sont à ce point troublés par nos déformations et carences communes qu'il nous faudra nous aborder avec plus de tact et de patience encore. Sinon, notre crainte réciproque de nous voir paniquer, de perdre les rênes dès que nous oserons donner libre cours au langage de nos êtres, risquera de faire réapparaître sur-le-champ notre naturel appris, et faire en sorte que nous revêtions l'armure de nos faux-fuyants: la politique, les sports, nos jobs, etc. Petit à petit, à ce jeu de vérité, il est quand même probable que nous parvenions à ne plus confondre plaisir et performance, être et paraître, vivre sa vie et passer sa vie. Peut-être même que cette confiance mutuelle que nous bâtirons progressivement nous suffira-t-elle à nous avouer:

- Que nous avons bel et bien été violés, nous aussi, soit par le vicaire de la paroisse, soit par le frère responsable de la chorale ou des cadets, soit par un moniteur ou un entraîneur sportif.
- Que nous avons plus tard été violentés par le désir mal dissimulé de la tante une telle et de notre propre mère.
- Que nous nous sommes sévèrement punis de notre curiosité sexuelle envers nos cousins et cousines, frères et soeurs, copains et copines.
- Que nous nous refusons à reconnaître que l'on trouve beau tel acteur, tel comédien, de peur de passer pour... (que dire à propos de son propre voisin, collègue, ami ou fils).
- Que nous avons parfois un urgent besoin de dételer. De balancer par-dessus bord les responsa-

bilités relatives à notre job, à notre famille immédiate, à la maison, à l'engagement social.

- Que nous aimerions être suffisamment bien dans notre peau sans chercher à nous forger une importance trompeuse en participant à des comités et clubs de tout acabit.

- Que nous dénonçons toute cette éducation de défis dans laquelle on nous a moulés: épreuves d'endurance chez les scouts, épreuves de résistance au boulot, épreuves de classement en compétition, épreuves en vue de la promotion, etc.

- Que nous canalisons notre homosexualité comme nous pouvons: dans l'amour de notre chien, de notre cheval, dans nos imitations de comportements efféminés, dans la salle des joueurs ou en adulant un patron, une vedette sportive, un dieu.

- Que nous sommes écoeurés de nous sentir obligés de séduire la première venue qui présente un joli portrait; au nom de quoi? au nom de qui?

- Que nous sommes également saturés des clichés publicitaires nous rendant responsables de la destinée du monde à venir par les seuls usages de notre force herculéenne et de notre cerveau I.B.M.

- Que nous en avons soupé de ne pas être considérés comme des êtres humains à part entière, mus par une vie affective et émotive intense.

- Qu'en tant qu'individus, nous en avons ras le bol d'être tenus responsables de ce que seulement un pour cent des femmes est, sur toute la planète, propriétaire de biens matériels.

- Que nous trouvons injuste de devoir verser une pension à madame, à titre d'ex-époux, du simple fait que l'on soit un homme, donc un pourvoyeur officiel.

- Que nous trouvons inhumain d'être automatiquement séparés de nos enfants quand un couple décide de ne plus partager le même toit.
- Que nous sommes jaloux du pouvoir affectif des femmes: je parle de la possibilité de sentir et d'exprimer le langage de son être.
- Que nous souffrons de façon aiguë de ne pas se sentir désirés, de ne pas être à notre tour objet de tendresse: dites-le-nous avec des fleurs, avec votre corps, etc.
- Que notre orgueil à vouloir afficher la plus grosse queue nous rend impuissant.
- Que nous ne sommes pas simplement inquiets d'être violés, quand on croise sur la rue un individu plutôt bizarre, mais que nous avons aussi la frousse de nous faire casser les deux jambes.
- Que nous envions les femmes dans l'intimité des rapports qu'elles entretiennent entre elles.
- Que nous nous accommodons difficilement d'une espérance de vie de sept ans inférieure à la leur.
- Que nous regrettons parfois de ne pouvoir enfanter nous-mêmes parce que c'est la façon la plus sûre qui nous garantît de pouvoir continuer de vieillir en présence de nos enfants.

- Qu'en rêve, nocturne ou non, nous avons bel et bien fait l'amour avec notre fille, notre fils, notre soeur, la femme de notre meilleur ami et notre ami lui-même.
- Que notre compétition dans la possession de la plus grosse bagnole, la plus grosse maison, la plus grosse garnotte, la meilleure performance à baiser nous fait monter la moutarde au nez.

- Que nos rivalités de coqs nous écoeurent nous-mêmes.
- Que nous décidons parfois, dans nos têtes, de ne plus acheter de quotidien afin de ne plus nous sentir obligés de commenter l'éditorial du jour.
- Qu'à travers une vie sexuelle partagée activement, il y a toujours place pour une masturbation solitaire plus ou moins fantaisiste.
- Que nous nous contre-crissons de savoir si nous tenons notre cigarette comme un homme ou comme un femme.
- Que nous nous sentons littéralement désarçonnés dès qu'une femme décèle en nous la présence d'une émotion que nous n'avions même pas pressentie.
- Que nous aimerions pouvoir aimer notre mère sans passer pour des bébés.
- Que nous aimerions pouvoir aimer notre femme sans passer pour des attardés.
- Que nous aimerions pouvoir aimer nos enfants sans passer pour des désaxés.
- Que nous aimerions pouvoir aimer nos chums sans passer pour des pédés.

Non, décidément, je ne sais pas. Je ne sais décidément pas comment nous oserons nous faire part d'autant de vérités mises à l'index. Serons-nous seulement capables d'autant de respect?

Encore deux choses que je dois ajouter à cette liste pour ma satisfaction très personnelle. Il m'arrive d'éprouver un profond dégoût quand je vois tous ces hommes qui refusent de se livrer à toute forme d'introspection prétextant qu'ils sont des hommes, eux, et des vrais, tandis que je les vois mouiller leur culotte dans la jouissance qu'ils éprouvent à approcher un supérieur imbu de pouvoir à s'en masturber, en plein jour, sous les regards excités de ces, ses tout-dévoués qui l'adulent. Et quand je constate la quantité toujours saisissante d'hommes dont l'affirmation de la virilité s'accroche encore à l'exclusivité de leur place au volant de leur véhicule en présence de leur escorte femelle, je me dis qu'il faut être bien peu sûr de sa valeur d'homme pour se cramponner à autant de futilités reliées au décorum. Par contre, ma perception de cette mascarade chez autrui me rassure; car, si moi-même, depuis toujours aux prises avec autant d'artifices garantissant mon identification au bon sexe, j'ai pu me distancier ainsi de ces chinoiseries culturelles, c'est que j'ai appris à mieux respecter et à laisser respirer l'homme qui souffrait en moi. Aujourd'hui j'éprouve, et avec quel soulagement, le début de la liberté de l'humain qui m"habite, et mon homme ne se sent que plus sûr de lui, heureux dans sa peau, dégagé de l'obligation de manifester telle et telle singeries sous peine de se retrouver aux extrémités de la courbe normale. Et si moi j'y arrive c'est que l'espoir est permis.

Au fond, je ne fais que revendiquer une existence plus humaine globalement; je n'accuse ni les hommes, gardiens du pouvoir impérialiste, pas plus que les femmes, gardiennes du pouvoir affectif, d'avoir érigé des ghettos dans lesquels nous nous sommes isolés, et depuis des temps à ce point reculés pour que l'on se perde définitivement dans des hypothèses historico-religioso-politico-ridiculoso douteuses.

Ma démarche demeure celle d'un homme s'adressant à tous ceux qui, plutôt que de paraître, tentent de vivre, malgré les influences extérieures qui veulent les en distraire. Elle s'adresse à tous ceux qui croient que cette recherche de vie doit procéder du respect de soi et tendre vers le respect des autres. Elle s'adresse à tous ceux qui, ayant repéré la source de vie en eux, recherchent un lieu où elle pourrait paisiblement s'épancher. Et c'est précisément cette recherche d'un lieu d'appartenance qui me commande de prendre la parole. Car si la vie jaillit en nous, c'est encore par le partage de nos expériences mutuelles que nous pourrons nous la réapproprier à la fois individuellement et collectivement.

Lithographié au Canada
sur les presses de
Métropole Litho Inc.